大方廣佛華嚴經 讀誦

16

🪷 일러두기

1. 『독송본 한문·한글역 대방광불화엄경』은 실차난타가 한역(695~699)한 80권『대방광불화엄경』의
   한문 원문과 한글역을 함께 수록한 것이다. 한문에는 음사와 현토를 부기하였다.

2. 원문의 저본은 고종 2년(1865) 월정사에서 인경한 고려대장경『대방광불화엄경』에 한암 스님이 현
   토(1949년)한 것을 범룡 스님이 영인 출판(1990년)한『대방광불화엄경』이다.

3. 한문은 저본에서 누락되었거나 글자가 다르다고 판단된 부분은 저본인 고려대장경 각권의 말미에
   교감되어 있는 내용을 중심으로 하고 봉은사판『대방광불화엄경수소연의초』와 신수대장경 각주에
   서 밝힌 교감본을 참조하여 보입하고 수정하였다.

4. 한글 번역은 동국역경원에서 발간한 한글『대방광불화엄경』(운허)을 중심으로 하고『신화엄경합론』
   (탄허)과『대방광불화엄경 강설』(여천무비) 그리고 최근의 여타 번역본 등을 참조하였다.

5. 저본의 원문에서 이체자의 경우 흔글이 제공하는 이체자는 그대로 살리고 흔글이 제공하지 않는 글
   자는 통용되는 정자로 바꾸었다. 예) 閒 → 閒 / 焔 → 燄 / 宫 → 宮 / 偁 → 稱

6. 한글 번역은 독송과 사경을 위하여 정확성과 아울러 가독성을 고려하였다. 극존칭은 부처님과 불
   경계에 대해서만 사용하였다.

7. 독송본의 차례는 일러두기 → 본문 → 화엄경 목차 → 간행사의 순차이다.
   (법공양판에는 간행사 다음에 간행불사 동참자를 밝혀 두었다.)

8. 독송본의 한글역은 사경의 편의를 도모하기 위해 그 편집을 달리하여『사경본 한글역 대방광불화
   엄경』으로 함께 간행한다. 독송본과 사경본 모두 80권『대방광불화엄경』의 권별 목차 순으로 간행
   한다.

독송본 한문 · 한글역

대방광불화엄경 제16권
大方廣佛華嚴經 卷第十六

실차난타 한역
수미해주 한글역

16

대방광불화엄경 제16권 변상도

대방광불화엄경
제16권

13. 승수미산정품

대방광불화엄경 권제십육
大方廣佛華嚴經 卷第十六

승수미산정품 제십삼
昇須彌山頂品 第十三

이시   여래위신력고   시방일체세계일일사
爾時에 如來威神力故로 十方一切世界一一四

천하염부제중   실견여래   좌어수하   각
天下閻浮提中에 悉見如來가 坐於樹下어시든 各

유보살   승불신력   이연설법   미불자
有菩薩이 承佛神力하고 而演說法하야 靡不自

위항대어불
謂恒對於佛이러시니라

1

대방광불화엄경 제16권

13. 승수미산정품

그때에 여래의 위신력으로 시방 일체 세계의 낱낱 사천하 염부제 가운데 여래께서 나무 아래 앉아계시는 것을 다 보았다. 각각 보살이 있어 부처님의 신력을 받들어 법을 연설하며, 항상 부처님을 대하고 있다고 스스로 생각하지 않는 이가 없었다.

이시　　　세존　　불리일체보리수하　　　이상승
爾時에 世尊이 不離一切菩提樹下하고 而上昇

수미　　　향제석전
須彌하사 向帝釋殿하시니라

시　　천제석　　재묘승전전　　　　요견불래
時에 天帝釋이 在妙勝殿前이라가 遙見佛來하고

즉이신력　　　장엄차전　　　　치보광명장사자
卽以神力으로 莊嚴此殿하고 置普光明藏師子

지좌
之座하니라

기좌　　실이묘보소성　　　십천층급　　　형극
其座가 悉以妙寶所成이라 十千層級으로 迴極

장엄　　　십천금망　　미부기상　　십천종장
莊嚴하고 十千金網으로 彌覆其上하고 十千種帳과

십천종개　　주회간열　　십천증기　　이위수
十千種蓋로 周迴間列하고 十千繒綺로 以爲垂

그때에 세존께서 일체 보리수 아래를 떠나지 아니하시고, 수미산에 오르시어 제석천의 궁전으로 향하셨다.

그때에 제석천왕이 묘승전 앞에 있다가 멀리 부처님께서 오시는 것을 보고, 곧 신력으로 이 궁전을 장엄하고 보광명장 사자좌를 마련해 놓았다.

그 사자좌는 모두 미묘한 보배로 이루어졌고 십천 층으로 훤칠하게 장엄하였다. 십천의 금으로 된 그물로 그 위를 두루 덮었고, 십천 가지의 휘장과 십천 가지의 일산으로 사이사이 두루 벌려 놓았으며, 십천의 비단으로 띠

대　　십천주영　　　주변교락　　　십천의복
帶하고 十千珠瓔으로 周徧交絡하고 十千衣服으로

부포좌상
敷布座上하니라

십천천자　　　십천범왕　　　전후위요　　　십천광
十千天子와 十千梵王이 前後圍遶하고 十千光

명　　이위조요
明이 而爲照耀러라

이시　　　제석　　　봉위여래　　　부치좌이　곡궁
爾時에 帝釋이 奉爲如來하야 敷置座已에 曲躬

합장　　　공경향불　　　이작시언
合掌하고 恭敬向佛하야 而作是言하니라

선래세존　　　　선래선서　　　선래여래응정등
善來世尊이시여 善來善逝시여 善來如來應正等

를 드리우고, 십천의 진주 영락으로 두루 얽었으며, 십천의 의복으로 자리 위에 펴서 깔았다.

십천의 천자들과 십천의 범왕들이 앞뒤로 둘러싸고 십천의 광명이 비쳐서 찬란하였다.

그때에 제석천왕이 여래를 받들어 자리를 펴 놓고서 몸을 굽혀 합장하고 공경히 부처님을 향하여 이렇게 말씀드렸다.

"잘 오셨습니다, 세존이시여! 잘 오셨습니다, 선서시여! 잘 오셨습니다, 여래 응공 정등각이

각　　　유원애민　　처차궁전
覺이시여 **唯願哀愍**하사 **處此宮殿**하소서

이시　　세존　　즉수기청　　입묘승전　　시
爾時에 **世尊**이 **卽受其請**하사 **入妙勝殿**하시니 **十**

방일체제세계중　　실역여시
方一切諸世界中에도 **悉亦如是**하니라

이시　　제석　　이불신력　　제궁전중소유악
爾時에 **帝釋**이 **以佛神力**으로 **諸宮殿中所有樂**

음　　자연지식　　즉자억념과거불소　　종제
音이 **自然止息**하고 **卽自憶念過去佛所**에 **種諸**

선근　　이설송언
善根하야 **而說頌言**하니라

시여! 오직 원하오니 가엾게 여기시어 이 궁전에 머무르소서."

그때에 세존께서 곧 그 청을 받고 묘승전에 들어가시니, 시방의 일체 모든 세계 가운데서도 다 또한 이와 같았다.

그때에 제석이 부처님의 위신력으로 모든 궁전 가운데 있던 음악 소리가 자연히 그쳐 쉬게 하고, 곧 과거에 부처님 처소에서 모든 선근을 심었던 것을 스스로 기억하고 게송을 설하여 말씀하였다.

가섭여래구대비
迦葉如來具大悲하시니

제길상중최무상
諸吉祥中最無上이라

피불증래입차전
彼佛曾來入此殿이실새

시고차처최길상
是故此處最吉祥이니이다

구나모니견무애
拘那牟尼見無礙하시니

제길상중최무상
諸吉祥中最無上이라

피불증래입차전
彼佛曾來入此殿이실새

시고차처최길상
是故此處最吉祥이니이다

가라구타여금산
迦羅鳩馱如金山하시니

제길상중최무상
諸吉祥中最無上이라

피불증래입차전
彼佛曾來入此殿이실새

시고차처최길상
是故此處最吉祥이니이다

가섭 여래께서는 대비를 구족하셔서
모든 길상 가운데 가장 높으시며
그 부처님께서 일찍이 이 궁전에 오셨으니
그러므로 이곳이 가장 길상하도다.

구나모니께서는 보는 데 걸림이 없으셔서
모든 길상 가운데 가장 높으시며
그 부처님께서 일찍이 이 궁전에 오셨으니
그러므로 이곳이 가장 길상하도다.

가라구타께서는 금산과 같으셔서
모든 길상 가운데 가장 높으시며
그 부처님께서 일찍이 이 궁전에 오셨으니
그러므로 이곳이 가장 길상하도다.

비사부불무삼구
毗舍浮佛無三垢하시니

제길상중최무상
諸吉祥中最無上이라

피불증래입차전
彼佛曾來入此殿이실새

시고차처최길상
是故此處最吉祥이니이다

시기여래이분별
尸棄如來離分別하시니

제길상중최무상
諸吉祥中最無上이라

피불증래입차전
彼佛曾來入此殿이실새

시고차처최길상
是故此處最吉祥이니이다

비바시불여만월
毗婆尸佛如滿月하시니

제길상중최무상
諸吉祥中最無上이라

피불증래입차전
彼佛曾來入此殿이실새

시고차처최길상
是故此處最吉祥이니이다

비사부불께서는 세 가지 때가 없으셔서
모든 길상 가운데 가장 높으시며
그 부처님께서 일찍이 이 궁전에 오셨으니
그러므로 이곳이 가장 길상하도다.

시기 여래께서는 분별을 여의셔서
모든 길상 가운데 가장 높으시며
그 부처님께서 일찍이 이 궁전에 오셨으니
그러므로 이곳이 가장 길상하도다.

비바시불께서는 보름달과 같으셔서
모든 길상 가운데 가장 높으시며
그 부처님께서 일찍이 이 궁전에 오셨으니
그러므로 이곳이 가장 길상하도다.

불사명달제일의
弗沙明達第一義하시니

제길상중최무상
諸吉祥中最無上이라

피불증래입차전
彼佛曾來入此殿이실새

시고차처최길상
是故此處最吉祥이니이다

제사여래변무애
提舍如來辯無礙하시니

제길상중최무상
諸吉祥中最無上이라

피불증래입차전
彼佛曾來入此殿이실새

시고차처최길상
是故此處最吉祥이니이다

파두마불정무구
波頭摩佛淨無垢하시니

제길상중최무상
諸吉祥中最無上이라

피불증래입차전
彼佛曾來入此殿이실새

시고차처최길상
是故此處最吉祥이니이다

불사께서는 제일의를 밝게 통달하셔서
모든 길상 가운데 가장 높으시며
그 부처님께서 일찍이 이 궁전에 오셨으니
그러므로 이곳이 가장 길상하도다.

제사 여래께서는 변재가 걸림이 없으셔서
모든 길상 가운데 가장 높으시며
그 부처님께서 일찍이 이 궁전에 오셨으니
그러므로 이곳이 가장 길상하도다.

파두마불께서는 청정하여 때가 없으셔서
모든 길상 가운데 가장 높으시며
그 부처님께서 일찍이 이 궁전에 오셨으니
그러므로 이곳이 가장 길상하도다.

연등여래대광명　　　　제길상중최무상
然燈如來大光明이시니　　諸吉祥中最無上이라

피불증래입차전　　　　시고차처최길상
彼佛曾來入此殿이실새　　是故此處最吉祥이니이다

여차세계중도리천왕　　이여래신력고　　게
如此世界中忉利天王이　以如來神力故로　偈

찬십불소유공덕　　　　시방세계제석천왕　　실
讚十佛所有功德하야　　十方世界諸釋天王도　悉

역여시　　찬불공덕
亦如是하야　讚佛功德하니라

이시　　세존　　입묘승전　　　　결가부좌　　　차
爾時에　世尊이　入妙勝殿하사　結跏趺坐하시니　此

연등 여래께서는 큰 광명이셔서
모든 길상 가운데 가장 높으시며
그 부처님께서 일찍이 이 궁전에 오셨으니
그러므로 이곳이 가장 길상하도다.

이 세계 가운데 도리천왕이 여래의 위신력으로 열 부처님의 공덕을 게송으로 찬탄하는 것과 같이, 시방세계의 모든 제석천왕들도 다 또한 이와 같이 부처님의 공덕을 찬탄하였다.

그때에 세존께서 묘승전에 들어가시어 결가부좌하시니, 이 궁전이 홀연히 넓어져서 그 하

전　　홀연광박관용　　　여기천중　　제소주
殿이 忽然廣博寬容하야 如其天衆의 諸所住

처　　시방세계　　실역여시
處라 十方世界도 悉亦如是하니라

늘 대중들의 모든 머무르는 곳과 같았으며, 시

방세계에서도 다 또한 이와 같았다.

대방광불화엄경
제16권

14. 수미정상게찬품

대방광불화엄경 권제십육
大方廣佛華嚴經 卷第十六

수미정상게찬품 제십사
須彌頂上偈讚品 第十四

이시 불신력고 시방각유일대보살 일일
爾時에 佛神力故로 十方各有一大菩薩이 一一

각여불찰미진수보살 구 종백불찰미진
各與佛刹微塵數菩薩로 俱하사 從百佛刹微塵

수국토외제세계중 이래집회
數國土外諸世界中하야 而來集會하시니라

기명왈법혜보살 일체혜보살 승혜보살
其名曰法慧菩薩과 一切慧菩薩과 勝慧菩薩과

대방광불화엄경 제16권

14. 수미정상게찬품

그때에 부처님의 위신력으로 시방에 각각 한 큰 보살이 있어, 낱낱이 각각 부처님 세계 미진수의 보살들과 함께 백 부처님 세계 미진수의 국토 밖에 있는 모든 세계로부터 와서 모였다.

그 이름은 법혜 보살과 일체혜 보살과 승혜

공덕혜보살　　정진혜보살　　선혜보살　　지
功德慧菩薩과 **精進慧菩薩**과 **善慧菩薩**과 **智**

혜보살　　진실혜보살　　무상혜보살　　견고
慧菩薩과 **眞實慧菩薩**과 **無上慧菩薩**과 **堅固**

혜보살
慧菩薩이요

소종래토　　소위인다라화세계　　파두마화
所從來土는 **所謂因陀羅華世界**와 **波頭摩華**

세계　보화세계　　우발라화세계　　금강화세
世界와 **寶華世界**와 **優鉢羅華世界**와 **金剛華世**

계　　묘향화세계　　열의화세계　　아로나화세
界와 **妙香華世界**와 **悅意華世界**와 **阿盧那華世**

계　나라타화세계　허공화세계
界와 **那羅陀華世界**와 **盧空華世界**라

각어불소　　정수범행　　소위수특월불　무
各於佛所에 **淨修梵行**하시니 **所謂殊特月佛**과 **無**

보살과 공덕혜 보살과 정진혜 보살과 선혜 보

살과 지혜 보살과 진실혜 보살과 무상혜 보살

과 견고혜 보살이었다.

좇아 온 바 국토는 이른바 인다라화 세계와

파두마화 세계와 보화 세계와 우발라화 세계

와 금강화 세계와 묘향화 세계와 열의화 세계

와 아로나화 세계와 나라타화 세계와 허공화

세계였다.

각각 부처님 처소에서 청정하게 범행을 닦았

으니, 이른바 수특월 부처님과 무진월 부처님

과 부동월 부처님과 풍월 부처님과 수월 부처

님과 해탈월 부처님과 무상월 부처님과 성수

진월불　부동월불　풍월불　수월불　해탈
盡月佛과 **不動月佛**과 **風月佛**과 **水月佛**과 **解脫**

월불　무상월불　성수월불　청정월불　명
月佛과 **無上月佛**과 **星宿月佛**과 **清淨月佛**과 **明**

료월불
了月佛이라

시제보살　지불소이　정례불족　수소래
是諸菩薩이 **至佛所已**에 **頂禮佛足**하고 **隨所來**

방　　각화작비로자나장사자지좌　　어기
方하야 **各化作毗盧遮那藏師子之座**하사 **於其**

좌상　결가부좌
座上에 **結跏趺坐**하시니라

여차세계중수미정상　보살래집　일체세
如此世界中須彌頂上에 **菩薩來集**하야 **一切世**

계　실역여시　피제보살　소유명자　세
界도 **悉亦如是**하야 **彼諸菩薩**의 **所有名字**와 **世**

월 부처님과 청정월 부처님과 명료월 부처님이
셨다.

이 모든 보살들이 부처님 처소에 이르러 부
처님 발에 정례하고 온 바 방위를 따라 각각
비로자나장 사자좌를 변화하여 만들고 그 자
리 위에 결가부좌하였다.

이 세계 가운데 수미산 정상에 보살들이 와
서 모인 것처럼 일체 세계에서도 다 또한 그와
같았다. 그 모든 보살들의 이름과 세계와 부처
님 명호도 다 같아서 차별이 없었다.

그때에 세존께서 두 발의 발가락으로부터 백
천억의 묘색 광명을 놓아 시방 일체 세계의 수

계불호　실등무별
界佛号가 悉等無別하니라

이시　세존　종양족지　방백천억묘색광
爾時에 世尊이 從兩足指하야 放百千億妙色光

명　보조시방일체세계수미정상제석궁중
明하사 普照十方一切世界須彌頂上帝釋宮中

불급대중　미불개현
佛及大衆하야 靡不皆現이시니라

이시　법혜보살　승불위신　보관시방
爾時에 法慧菩薩이 承佛威神하사 普觀十方하고

이설송왈
而說頌曰하시니라

미산 정상을 널리 비추시니, 제석천 궁전 가운데 부처님과 대중들이 다 나타나지 않음이 없었다.

그때에 법혜 보살이 부처님의 위신력을 받들어 시방을 널리 살펴보고 게송을 설하여 말씀하였다.

불방정광명
佛放淨光明하시니

보견세도사
普見世導師가

수미산왕정
須彌山王頂의

묘승전중주
妙勝殿中住로다

일체석천왕
一切釋天王이

청불입궁전
請佛入宮殿하야

실이십묘송
悉以十妙頌으로

칭찬제여래
稱讚諸如來로다

피제대회중
彼諸大會中에

소유보살중
所有菩薩衆이

개종시방지
皆從十方至하야

화좌이안좌
化座而安坐로다

부처님께서 청정한 광명을 놓으시니

세간의 도사께서

수미산왕 정상의

묘승전 가운데 머무르심을 널리 보도다.

일체 제석천왕이

부처님께 궁전에 들어오시기를 청하여

모두 열 가지 미묘한 게송으로

모든 여래를 칭찬하였도다.

저 모든 큰 법회 가운데

있는 바 보살 대중들이

모두 시방으로부터 와서

자리를 변화해 만들고 편안히 앉았도다.

피회제보살
彼會諸菩薩이

개동아등명
皆同我等名이며

소종제세계
所從諸世界도

명자역여시
名字亦如是로다

본국제세존
本國諸世尊도

명호실역동
名号悉亦同하시니

각어기불소
各於其佛所에

정수무상행
淨修無上行이로다

불자여응관
佛子汝應觀

여래자재력
如來自在力하라

일체염부제
一切閻浮提에

개언불재중
皆言佛在中이로다

저 모임의 모든 보살들이
모두 함께 나와 같은 이름이며
좇아 온 바 모든 세계들도
이름이 또한 이와 같도다.

본 국토의 모든 세존께서도
명호가 다 또한 같으시니
각각 그 부처님 처소에서
위없는 행을 깨끗이 닦으셨도다.

불자들이여, 그대들은 마땅히
여래의 자재하신 힘을 관하라
일체 염부제에
'부처님께서 계신다'고 모두 말하도다.

아등금견불
我等今見佛이

주어수미정
住於須彌頂하시며

시방실역연
十方悉亦然하니

여래자재력
如來自在力이로다

일일세계중
一一世界中에

발심구불도
發心求佛道하시니

의어여시원
依於如是願하야

수습보리행
修習菩提行이로다

불이종종신
佛以種種身으로

유행변세간
遊行徧世間하사대

법계무소애
法界無所礙하시니

무능측량자
無能測量者로다

우리들이 지금 보니

부처님께서 수미산 정상에 머무르시며

시방에서도 다 또한 그러하시니

여래의 자재하신 힘이로다.

낱낱 세계 가운데서

발심하여 불도를 구하시니

이러한 서원을 의지하시어

보리행을 닦으셨도다.

부처님께서 갖가지 몸으로

세간에 두루 노니시되

법계에 걸리는 바가 없으시니

능히 측량할 이가 없도다.

혜광항보조
慧光恒普照하사

세암실제멸
世闇悉除滅하시니

일체무등륜
一切無等倫이라

운하가측지
云何可測知리오

이시　　일체혜보살　　승불위력　　보관시
爾時에　一切慧菩薩이　承佛威力하사　普觀十

방　　이설송언
方하고　而說頌言하시니라

가사백천겁
假使百千劫에

상견어여래
常見於如來라도

불의진실의
不依眞實義하야

이관구세자
而觀救世者인댄

지혜 광명을 항상 널리 비추시어

세상의 어두움을 다 소멸하시니

일체 짝할 이가 없음이라

어떻게 가히 헤아려 알리오.

그때에 일체혜 보살이 부처님의 위신력을 받들어 시방을 널리 살펴보고 게송을 설하여 말씀하였다.

가령 백천 겁 동안

항상 여래를 보더라도

진실한 뜻에 의지하지 않고

세상을 구원하는 자를 본다면

시인취제상
是人取諸相하야

증장치혹망
增長癡惑網하며

계박생사옥
繫縛生死獄하야

맹명불견불
盲冥不見佛이로다

관찰어제법
觀察於諸法컨댄

자성무소유
自性無所有니

여기생멸상
如其生滅相하야

단시가명설
但是假名說이로다

일체법무생
一切法無生이며

일체법무멸
一切法無滅이니

약능여시해
若能如是解하면

제불상현전
諸佛常現前이로다

이 사람은 모든 모양에 집착하여

어리석고 미혹한 그물을 증장하며

생사의 옥에 얽매여서

눈이 어두워 부처님을 보지 못하리라.

모든 법을 관찰하면

자성이 있는 것이 없으니

그 생멸하는 모양과 같이

단지 거짓 이름만 말할 뿐이로다.

일체 법이 생겨남도 없고

일체 법이 멸함도 없으니

만일 능히 이와 같이 알면

모든 부처님께서 항상 현전하시리라.

법성본공적
法性本空寂하야

무취역무견
無取亦無見이니

성공즉시불
性空卽是佛이라

불가득사량
不可得思量이로다

약지일체법
若知一切法이

체성개여시
體性皆如是면

사인즉불위
斯人則不爲

번뇌소염착
煩惱所染著이로다

범부견제법
凡夫見諸法에

단수어상전
但隨於相轉하고

불료법무상
不了法無相일새

이시불견불
以是不見佛이로다

법의 성품은 본래 공적하여
취할 것도 없고 또한 볼 것도 없어
성품이 공한 것이 곧 부처라
생각하거나 헤아릴 수 없도다.

만약 일체 법이
체성이 다 이와 같음을 알면
이 사람은 곧
번뇌에 물들지 아니하리라.

범부가 모든 법을 보면
다만 모양만 따라 유전하고
법은 모양이 없음을 알지 못하니
이로써 부처님을 보지 못하도다.

모니이삼세
牟尼離三世하사

제상실구족
諸相悉具足하시며

주어무소주
住於無所住하사

보변이부동
普徧而不動이로다

아관일체법
我觀一切法하고

개실득명료
皆悉得明了하니

금견어여래
今見於如來에

결정무유의
決定無有疑로다

법혜선이설
法慧先已說

여래진실성
如來眞實性일새

아종피요지
我從彼了知

보리난사의
菩提難思議로다

모니께서 삼세를 여의시고

모든 모양을 다 구족하시어

머무르는 바 없이 머무르셔서

널리 두루하되 움직이지 않으시도다.

내가 일체 법을 관하고

모두 다 분명히 알았으니

이제 여래를 친견함에

결정코 의심이 없도다.

법혜 보살이 먼저 이미

여래의 진실한 성품을 설하였으니

나도 그를 따라서

사의하기 어려운 보리를 분명히 알았도다.

이시　　승혜보살　　승불위력　　　보관시방
爾時에　勝慧菩薩이　承佛威力하사　普觀十方하고

이설송언
而說頌言하시니라

여래대지혜　　　　　희유무등륜
如來大智慧가　　　　希有無等倫하시니

일체제세간　　　　　사유막능급
一切諸世間이　　　　思惟莫能及이로다

범부망관찰　　　　　취상불여리
凡夫妄觀察하야　　　取相不如理하나니

불리일체상　　　　　비피소능견
佛離一切相이라　　　非彼所能見이로다

　그때에 승혜 보살이 부처님의 위신력을 받들
어 시방을 널리 살펴보고 게송을 설하여 말씀
하였다.

　여래의 크신 지혜는
　희유하여 짝할 이 없으니
　일체 모든 세간들이
　생각으로 능히 미칠 수 없도다.

　범부는 망령되이 관찰하여
　모양만 취하고 이치와 같지 못하니
　부처님께서 일체 모양을 여의서서
　그들이 능히 보지 못하도다.

미혹무지자
迷惑無知者는

망취오온상
妄取五蘊相하야

불료피진성
不了彼眞性하나니

시인불견불
是人不見佛이로다

요지일체법
了知一切法이

자성무소유
自性無所有니

여시해법성
如是解法性하면

즉견노사나
則見盧舍那로다

인전오온고
因前五蘊故로

후온상속기
後蘊相續起하나니

어차성요지
於此性了知하면

견불난사의
見佛難思議로다

미혹하여 무지한 이는
망령되이 오온의 모양만 취하고
그 참된 성품을 알지 못하니
이 사람은 부처님을 보지 못하도다.

일체 법이
자성이 없음을 분명히 알지니
이와 같이 법의 성품을 알면
곧 노사나 부처님을 보리라.

앞의 오온을 인한 까닭에
뒤의 온이 서로 이어 일어나니
이 성품을 분명히 알면
사의하기 어려운 부처님을 보리라.

비여암중보　　　　　무등불가견
譬如闇中寶를　　　　無燈不可見인달하야

불법무인설　　　　　수혜막능료
佛法無人說이면　　　雖慧莫能了로다

역여목유예　　　　　불견정묘색
亦如目有翳에　　　　不見淨妙色인달하야

여시부정심　　　　　불견제불법
如是不淨心이면　　　不見諸佛法이로다

우여명정일　　　　　고자막능견
又如明淨日을　　　　瞽者莫能見인달하야

무유지혜심　　　　　종불견제불
無有智慧心이면　　　終不見諸佛이로다

비유하면 어두움 속의 보배를

등불이 없으면 볼 수 없듯이

부처님 법도 말하는 사람이 없으면

비록 지혜가 있어도 능히 알지 못하리라.

또 눈에 가림이 있으면

청정하고 묘한 빛을 보지 못하듯이

이와 같이 마음도 청정하지 않으면

모든 부처님 법을 보지 못하리라.

또 밝고 깨끗한 해를

눈먼 이는 볼 수 없듯이

지혜의 마음이 없으면

마침내 모든 부처님을 보지 못하리라.

약능제안예　　　　　사리어색상
若能除眼翳하고　　捨離於色想하야

불견어제법　　　　　즉득견여래
不見於諸法이면　　則得見如來로다

일체혜선설　　　　　제불보리법
一切慧先說　　　　諸佛菩提法일새

아종어피문　　　　　득견노사나
我從於彼聞하고　　得見盧舍那로다

이시　　공덕혜보살　　승불위력　　보관시
爾時에　功德慧菩薩이　承佛威力하사　普觀十

방　　이설송언
方하고　而說頌言하시니라

만약 능히 눈의 가림을 없애고

형색과 생각을 버리고 여의어

모든 법을 보지 않으면

곧 여래를 보리라.

일체혜 보살이 먼저

모든 부처님의 보리법을 설하였으니

나도 그에게서 듣고

노사나 부처님을 친견하였도다.

그때에 공덕혜 보살이 부처님의 위신력을 받들어 시방을 널리 살펴보고 게송을 설하여 말씀하였다.

제 법 무 진 실
諸法無眞實이어늘

망 취 진 실 상
妄取眞實相일새

시 고 제 범 부
是故諸凡夫가

윤 회 생 사 옥
輪迴生死獄이로다

언 사 소 설 법
言辭所說法을

소 지 망 분 별
小智妄分別일새

시 고 생 장 애
是故生障礙하야

불 료 어 자 심
不了於自心이로다

불 능 료 자 심
不能了自心이어니

운 하 지 정 도
云何知正道리오

피 유 전 도 혜
彼由顚倒慧하야

증 장 일 체 악
增長一切惡이로다

모든 법에 진실이 없거늘
망령되이 진실한 모양을 취하니
그러므로 모든 범부들이
생사의 옥에서 윤회하도다.

말로 설한 바 법을
적은 지혜로 망령되이 분별하니
그런 까닭에 장애가 생겨서
자기 마음을 알지 못하도다.

자기 마음을 능히 알지 못하고
어떻게 바른 도를 알리오
그 전도된 지혜로 말미암아
일체 악을 증장하도다.

불견제법공
不見諸法空하야

항수생사고
恒受生死苦하나니

사인미능유
斯人未能有

청정법안고
清淨法眼故로다

아석수중고
我昔受衆苦는

유아불견불
由我不見佛이니

고당정법안
故當淨法眼하야

관기소응견
觀其所應見이로다

약득견어불
若得見於佛이면

기심무소취
其心無所取니

차인즉능견
此人則能見

여불소지법
如佛所知法이로다

모든 법이 공함을 보지 못하고
항상 생사의 고통을 받으니
이 사람은
청정한 법안이 없는 까닭이로다.

내가 옛적에 온갖 고통을 받은 것은
내가 부처님을 보지 못한 까닭이니
그러므로 마땅히 법안을 깨끗이 하여
그 마땅히 보아야 할 것을 볼지로다.

만약 부처님을 친견하면
그 마음에 취하는 바가 없으니
이 사람은 곧 능히
부처님께서 아신 바와 같은 법을 보리라.

약견불진법
若見佛眞法이면

즉명대지자
則名大智者니

사인유정안
斯人有淨眼하야

능관찰세간
能觀察世閒이로다

무견즉시견
無見卽是見이라

능견일체법
能見一切法이니

어법약유견
於法若有見이면

차즉무소견
此則無所見이로다

일체제법성
一切諸法性이

무생역무멸
無生亦無滅이니

기재대도사
奇哉大導師여

자각능각타
自覺能覺他로다

만약 부처님의 참된 법을 보면
곧 ‘큰 지혜 있는 자’라 이름하리니
이 사람은 청정한 눈이 있어서
능히 세간을 관찰하리라.

봄이 없음이 곧 보는 것이니
일체 법을 볼 수 있으나
법에 만약 봄이 있으면
이것은 곧 본 것이 없음이로다.

일체 모든 법의 성품이
생겨남도 없고 또한 없어짐도 없으니
기이하도다, 큰 도사이시여
스스로 깨닫고 다른 이도 깨닫게 하시도다.

승혜선이설
勝慧先已說

여래소오법
如來所悟法일새

아등종피문
我等從彼聞하고

능지불진성
能知佛眞性이로다

이시　정진혜보살　승불위력　관찰시
爾時에 精進慧菩薩이 承佛威力하사 觀察十

방　이설송언
方하고 而說頌言하시니라

약주어분별
若住於分別이면

즉괴청정안
則壞淸淨眼이라

우치사견증
愚癡邪見增하야

영불견제불
永不見諸佛이로다

승혜 보살이 먼저 이미

여래의 깨달으신 법을 설하였으니

우리들도 그에게서 듣고

능히 부처님의 참된 성품을 알았도다.

그때에 정진혜 보살이 부처님의 위신력을 받

들어 시방을 널리 살펴보고 게송을 설하여 말

씀하였다.

만약 분별에 머무르면

청정한 눈을 파괴하여

어리석고 삿된 소견만 늘어서

영원히 모든 부처님을 보지 못하리라.

약능료사법
若能了邪法하야

여실부전도
如實不顚倒하며

지망본자진
知妄本自眞하면

견불즉청정
見佛則淸淨이로다

유견즉위구
有見則爲垢라

차즉미위견
此則未爲見이니

원리어제견
遠離於諸見하야사

여시내견불
如是乃見佛이로다

세간언어법
世間言語法을

중생망분별
衆生妄分別하나니

지세개무생
知世皆無生이면

내시견세간
乃是見世間이로다

만약 삿된 법인 줄 능히 알아서
실상과 같아 전도되지 않으며
허망한 것이 본래 스스로 참임을 알면
부처님을 친견하여 곧 청정하리라.

봄이 있으면 곧 때가 되니
이것은 아직 보는 것이 되지 않고
모든 봄을 멀리 여의어야
이와 같이 부처님을 보리라.

세간의 언어법을
중생이 망령되이 분별하니
세간이 다 생겨남이 없음을 알면
이에 세간을 보리라.

약견견세간
若見見世間이면

견즉세간상
見則世間相이니

여실등무이
如實等無異라야

차명진견자
此名眞見者로다

약견등무이
若見等無異하야

어물불분별
於物不分別이면

시견이제혹
是見離諸惑하야

무루득자재
無漏得自在로다

제불소개시
諸佛所開示

일체분별법
一切分別法을

시실불가득
是悉不可得이니

피성청정고
彼性淸淨故로다

만약 봄으로 세간을 보면

보이는 것이 곧 세간의 모양이니

실상과 같아 다름이 없어야

이 이름이 참으로 봄이로다.

만약 평등하여 다름이 없음을 보고

사물에 분별하지 않으면

이렇게 보는 것은 모든 의혹을 여의어

번뇌가 없어 자재함을 얻음이로다.

모든 부처님께서 열어 보이신

일체 분별의 법은

이것을 다 얻을 수 없으니

그 성품이 청정한 까닭이로다.

법성본청정
法性本清淨하야

여공무유상
如空無有相일새

일체무능설
一切無能說이니

지자여시관
智者如是觀이로다

원리어법상
遠離於法想하야

불요일체법
不樂一切法하면

차역무소수
此亦無所修니

능견대모니
能見大牟尼로다

여덕혜소설
如德慧所說하야

차명견불자
此名見佛者니

소유일체행
所有一切行이

체성개적멸
體性皆寂滅이로다

법의 성품은 본래 청정하여
허공과 같아 모양이 없어서
일체를 능히 말할 수 없으니
지혜있는 자는 이와 같이 보도다.

법이라는 생각을 멀리 여의어
일체 법을 좋아하지 아니하면
이것은 또한 닦을 바가 없으니
능히 대모니를 친견하리라.

공덕혜 보살이 설한 바와 같이
이 이름이 부처님을 봄이니
있는 바 일체 행이
체성이 다 적멸함이로다.

이시　선혜보살　승불위력　　보관시방
爾時에 善慧菩薩이 承佛威力하사 普觀十方하고

이설송언
而說頌言하시니라

희유대용건　　　　무량제여래
希有大勇健하신　　無量諸如來여

이구심해탈　　　　자도능도피
離垢心解脫하사　　自度能度彼로다

아견세간등　　　　여실부전도
我見世間燈의　　　如實不顛倒가

여어무량겁　　　　적지자소견
如於無量劫에　　　積智者所見이로다

그때에 선혜 보살이 부처님의 위신력을 받들어 시방을 널리 살펴보고 게송을 설하여 말씀하였다.

희유하시도다, 크게 용맹하신
한량없는 모든 여래이시여
때를 여의고 마음이 해탈하셔서
스스로 제도하고 다른 이도 제도하시도다.

내가 보니 세간의 등불이
실상과 같아 전도되지 않음이
한량없는 겁에
지혜를 쌓은 자가 본 것과 같도다.

일체범부행
一切凡夫行이

막불속귀진
莫不速歸盡하나니

기성여허공
其性如虛空일새

고설무유진
故說無有盡이로다

지자설무진
智者說無盡이나

차역무소설
此亦無所說이니

자성무진고
自性無盡故로

득유난사진
得有難思盡이로다

소설무진중
所說無盡中에

무중생가득
無衆生可得이니

지중생성이
知衆生性爾하면

즉견대명칭
則見大名稱이로다

일체 범부의 행이
빨리 다하는 데로 돌아가지만
그 성품은 허공과 같으니
그러므로 다함이 없다고 말하니라.

지혜로운 자는 다함이 없다고 말하나
이것도 또한 말할 것이 없으니
자체의 성품은 다함이 없는 까닭에
사의하기 어려운 다함이 있도다.

다함이 없다고 말한 것 가운데
중생도 얻을 것이 없으니
중생의 성품이 그러함을 알면
곧 큰 명칭있는 분을 보리라.

무견설위견
無見說爲見이요

무생설중생
無生說眾生이니

약견약중생
若見若眾生을

요지무체성
了知無體性이로다

능견급소견
能見及所見의

견자실제견
見者悉除遣하고

불괴어진법
不壞於眞法하면

차인요지불
此人了知佛이로다

약인요지불
若人了知佛과

급불소설법
及佛所說法하면

즉능조세간
則能照世間을

여불노사나
如佛盧舍那로다

봄이 없는데 본다고 말하고
생겨남이 없는데 중생이라 말하니
보는 것과 중생이
자체의 성품이 없음을 분명히 알지니라.

보는 것과 보이는 것과
보는 이도 다 제거하여 보내고
진실한 법을 무너뜨리지 않으면
이 사람은 부처님을 분명히 알리라.

만약 어떤 사람이 부처님과
부처님께서 설하신 법을 분명히 알면
곧 능히 세간을 비춤이
노사나 부처님과 같으리라.

정각선개시   일법청정도
正覺善開示   一法淸淨道하시고

정진혜대사   연설무량법
精進慧大士가   演說無量法하시니

약유약무유   피상개제멸
若有若無有   彼想皆除滅하면

여시능견불   안주어실제
如是能見佛이   安住於實際로다

이시   지혜보살   승불위력   보관시방
爾時에 智慧菩薩이 承佛威力하사 普觀十方하고

이설송언
而說頌言하시니라

정각께서

한 법의 청정한 도를 잘 열어 보이시고

정진혜 대사가

한량없는 법을 연설하였도다.

있다거나 있지 않다거나

그러한 생각을 모두 없애면

이와 같이 부처님께서

실제에 안주하심을 능히 보리라.

그때에 지혜 보살이 부처님의 위신력을 받들어 시방을 널리 살펴보고 게송을 설하여 말씀하였다.

아문최승교
我聞最勝敎하고

즉생지혜광
卽生智慧光하야

보조시방계
普照十方界하야

실견일체불
悉見一切佛이로다

차중무소물
此中無少物이요

단유가명자
但有假名字니

약계유아인
若計有我人이면

즉위입험도
則爲入險道로다

제취착범부
諸取著凡夫가

계신위실유
計身爲實有하나니

여래비소취
如來非所取라

피종부득견
彼終不得見이로다

나는 가장 수승한 가르침을 듣고
곧 지혜의 빛을 내어
널리 시방세계를 비추어서
일체 부처님을 다 친견하였도다.

이 가운데는 그 어떤 적은 물건도 없고
다만 거짓 이름만 있을 뿐이니
만약 나와 남이 있다고 생각하면
곧 험한 길에 들어가리라.

모든 집착하는 범부들이
몸이 실제로 있다고 생각하니
여래는 취할 바가 아니라
그들은 마침내 볼 수 없으리라.

차인무혜안
此人無慧眼하야

불능득견불
不能得見佛일새

어무량겁중
於無量劫中에

유전생사해
流轉生死海로다

유쟁설생사
有諍說生死요

무쟁즉열반
無諍卽涅槃이니

생사급열반
生死及涅槃을

이구불가득
二俱不可得이로다

약축가명자
若逐假名字하야

취착차이법
取著此二法하면

차인불여실
此人不如實이라

부지성묘도
不知聖妙道로다

이 사람은 지혜의 눈이 없어서
능히 부처님을 보지 못하니
한량없는 겁 동안
생사의 바다에 유전하니라.

다툼이 있으면 생사라 하고
다툼이 없으면 곧 열반이나
생사와 열반을
두 가지 다 얻지 못하도다.

만약 거짓 이름을 따라서
이 두 가지 법에 취착하면
이 사람은 실답지 못하여
성인의 묘한 도를 알지 못하리라.

약 생 여 시 상
若生如是想호대

차 불 차 최 승
此佛此最勝이라하면

전 도 비 실 의
顚倒非實義라

불 능 견 정 각
不能見正覺이로다

능 지 차 실 체
能知此實體의

적 멸 진 여 상
寂滅眞如相하면

즉 견 정 각 존
則見正覺尊이

초 출 어 언 도
超出語言道로다

언 어 설 제 법
言語說諸法이면

불 능 현 실 상
不能顯實相이요

평 등 내 능 견
平等乃能見이니

여 법 불 역 연
如法佛亦然이로다

만약 이러한 생각을 내되
이 부처님이 가장 수승하다 하면
전도되어 참뜻이 아니어서
능히 정각을 보지 못하리라.

능히 이 실체의
적멸한 진여의 모양을 알면
곧 정각존께서
언어의 길에서 벗어나셨음을 보리라.

언어로 모든 법을 말하나
능히 실상을 나타낼 수 없고
평등하여야 이에 볼 수 있으니
법과 같이 부처님도 그러하시도다.

정각과거세　　　　　미래급현재
正覺過去世와　　　**未來及現在**하사

영단분별근　　　　　시고설명불
永斷分別根이실새　　**是故說名佛**이로다

이시　　진실혜보살　　승불위력　　보관시
爾時에　**眞實慧菩薩**이　**承佛威力**하사　**普觀十**

방　　이설송언
方하고　**而說頌言**하시니라

영수지옥고　　　　　득문제불명
寧受地獄苦하야　　**得聞諸佛名**이언정

불수무량락　　　　　이불문불명
不受無量樂하야　　**而不聞佛名**이로다

과거세와 미래세와

현재세를 바르게 깨달으셔서

분별하는 뿌리를 영원히 끊으셨으니

이런 까닭에 명호를 부처님이라 하도다.

그때에 진실혜 보살이 부처님의 위신력을 받

들어 시방을 널리 살펴보고 게송을 설하여 말

씀하였다.

차라리 지옥의 고통을 받으면서

모든 부처님의 명호를 들을지언정

한량없는 즐거움을 받느라고

부처님 명호를 못 듣지 않으리라.

소이어왕석
所以於往昔

무수겁수고
無數劫受苦하야

유전생사중
流轉生死中은

불문불명고
不聞佛名故로다

어법부전도
於法不顚倒하고

여실이현증
如實而現證하야

이제화합상
離諸和合相하면

시명무상각
是名無上覺이로다

현재비화합
現在非和合이며

거래역부연
去來亦復然하니

일체법무상
一切法無相이

시즉불진체
是則佛眞體로다

그 까닭은 지난 옛적에

수없는 겁 동안 고통을 받으며

생사 가운데 유전함은

부처님 명호를 듣지 못한 때문이로다.

법에 전도되지 않고

여실히 밝게 증득하여

모든 화합한 모양을 여의면

이 이름이 위없는 깨달음이로다.

현재는 화합한 것이 아니며

과거와 미래도 또한 다시 그러하니

일체 법이 모양 없는 것이

이것이 곧 부처님의 참된 체성이로다.

약능여시관
若能如是觀

제법심심의
諸法甚深義하면

즉견일체불
則見一切佛의

법신진실상
法身眞實相이로다

어실견진실
於實見眞實하고

비실견부실
非實見不實하야

여시구경해
如是究竟解일새

시고명위불
是故名爲佛이로다

불법불가각
佛法不可覺이라

요차명각법
了此名覺法이니

제불여시수
諸佛如是修일새

일법불가득
一法不可得이로다

만약 능히 이와 같이
모든 법의 매우 깊은 뜻을 관찰하면
곧 일체 부처님의
법신의 진실한 모양을 보리라.

진실에서 진실을 보고
진실이 아닌 데서 진실이 아님을 보아
이와 같이 끝까지 이해하니
이 까닭에 부처라 이름하도다.

부처님 법은 깨달을 수 없는지라
이것을 아는 것이 법을 깨달음이라
모든 부처님께서 이와 같이 닦으셨으니
한 법도 얻을 수 없도다.

지 이 일 고 중
知以一故衆이며

지 이 중 고 일
知以衆故一이니

제 법 무 소 의
諸法無所依하야

단 종 화 합 기
但從和合起로다

무 능 작 소 작
無能作所作이라

유 종 업 상 생
唯從業想生이니

운 하 지 여 시
云何知如是오

이 차 무 유 고
異此無有故로다

일 체 법 무 주
一切法無住라

정 처 불 가 득
定處不可得이니

제 불 주 어 차
諸佛住於此하사

구 경 부 동 요
究竟不動搖로다

하나로써 여럿을 알고

여럿으로써 하나를 아니

모든 법이 의지한 바 없어

단지 화합을 좇아 일어나도다.

짓는 이도 지을 것도 없고

오직 업의 생각을 좇아 생기니

어떻게 이와 같음을 아는가?

이것과 다름은 없는 까닭이로다.

일체 법이 머무름이 없어

정해진 곳을 얻을 수 없으니

모든 부처님께서 여기에 머무르셔서

끝까지 동요하지 않으시도다.

이시 무상혜보살 승불위력   보관시
爾時에 無上慧普薩이 承佛威力하사 普觀十

방   이설송언
方하고 而說頌言하시니라

무상마하살   원리중생상
無上摩訶薩이   遠離衆生想하야

무유능과자   고호위무상
無有能過者일새   故号爲無上이로다

제불소득처   무작무분별
諸佛所得處가   無作無分別하시니

추자무소유   미세역부연
麤者無所有며   微細亦復然이로다

그때에 무상혜 보살이 부처님의 위신력을 받
들어 시방을 널리 살펴보고 게송을 설하여 말
씀하였다.

무상혜 보살마하살이
중생의 생각을 멀리 여의어
능히 지나갈 자가 없으니
그러므로 이름이 위없음이로다.

모든 부처님께서 얻으신 것은
지음도 없고 분별도 없으니
거친 것도 없고
미세한 것도 또한 다시 그러하도다.

제불소행경
諸佛所行境이여

어중무유수
於中無有數라

정각원리수
正覺遠離數하시니

차시불진법
此是佛眞法이로다

여래광보조
如來光普照하사

멸제중암명
滅除衆暗冥하시니

시광비유조
是光非有照며

역부비무조
亦復非無照로다

어법무소착
於法無所著하야

무념역무염
無念亦無染하시며

무주무처소
無住無處所하사대

불괴어법성
不壞於法性이로다

모든 부처님께서 행하신 경계여
그 가운데는 수효도 없음이라
정각은 수효를 멀리 여의었으니
이것이 부처님의 진실한 법이로다.

여래의 광명이 널리 비추어
온갖 어두움을 없애시니
이 광명은 비춤이 있는 것도 아니고
또한 다시 비춤이 없는 것도 아니로다.

법에 집착하는 바도 없고
생각도 없고 또한 물듦도 없으며
머무름도 없고 처소도 없으나
법의 성품을 깨뜨리지도 않도다.

차중무유이
此中無有二며

역부무유일
亦復無有一이니

대지선견자
大智善見者가

여리교안주
如理巧安住로다

무중무유이
無中無有二며

무이역부무
無二亦復無라

삼계일체공
三界一切空이

시즉제불견
是則諸佛見이로다

범부무각해
凡夫無覺解일새

불령주정법
佛令住正法하야

제법무소주
諸法無所住케하시니

오차견자신
悟此見自身이로다

이 가운데는 둘이 없고
또한 다시 하나도 없으니
큰 지혜로 잘 보는 이는
이치대로 교묘하게 안주하도다.

없는 것에는 둘이 없고
둘이 없음도 또한 다시 없음이라
삼계 일체가 공이니
이것이 곧 모든 부처님의 견해로다.

범부는 깨달음의 이해가 없으니
부처님께서 하여금 정법에 머물러
모든 법에 머무르는 바가 없게 하시니
이것을 깨달으면 자신을 보리라.

비신이설신
非身而說身하시며

비기이현기
非起而現起하시니

무신역무견
無身亦無見이

시불무상신
是佛無上身이로다

여시실혜설
如是實慧說

제불묘법성
諸佛妙法性하시니

약문차법자
若聞此法者는

당득청정안
當得清淨眼이로다

이시　견고혜보살　승불위력　보관시
爾時에 堅固慧菩薩이 承佛威力하사 普觀十

방　이설송언
方하고 而說頌言하시니라

위재대광명　　　　　용건무상사
偉哉大光明　　　　　勇健無上士여

위리군미고　　　　　이흥어세간
爲利群迷故로　　　　而興於世間이로다

불이대비심　　　　　보관제중생
佛以大悲心으로　　　普觀諸衆生이

견재삼유중　　　　　윤회수중고
見在三有中하야　　　輪迴受衆苦하시나니

유제정등각　　　　　구덕존도사
唯除正等覺　　　　　具德尊導師하고

일체제천인　　　　　무능구호자
一切諸天人은　　　　無能救護者로다

위대하시도다, 큰 광명이시고
용맹하신 무상사이시여
미혹한 군생들을 이롭게 하시려고
세간에 출현하셨도다.

부처님께서 대비심으로
널리 모든 중생들을 살피시어
삼유 가운데서 윤회하며
온갖 고통받음을 보시도다.

오직 정등각과
덕을 갖춘 높은 도사를 제하고는
일체 모든 천신과 사람을
능히 구호할 자가 없도다.

약불보살등
若佛菩薩等이

불출어세간
不出於世間이면

무유일중생
無有一衆生도

이능득안락
而能得安樂이로다

여래등정각
如來等正覺과

급제현성중
及諸賢聖衆이

출현어세간
出現於世間하사

능여중생락
能與衆生樂이로다

약견여래자
若見如來者는

위득대선리
爲得大善利니

문불명생신
聞佛名生信하면

즉시세간탑
則是世間塔이로다

만약 부처님과 보살들이

세간에 나오시지 않았다면

한 중생도

능히 안락을 얻을 수 없었으리라.

여래 등정각과

모든 현인과 성인들이

세간에 출현하시어

능히 중생들에게 즐거움을 주시도다.

만약 여래를 보는 자는

크고 좋은 이익을 얻으며

부처님 명호를 듣고 믿음을 내면

곧 이것이 세간의 탑이로다.

아등견세존
我等見世尊은

위득대이익
爲得大利益이니

문여시묘법
聞如是妙法하면

실당성불도
悉當成佛道로다

제보살과거
諸菩薩過去에

이불위신력
以佛威神力으로

득청정혜안
得淸淨慧眼하야

요제불경계
了諸佛境界라

금견노사나
今見盧舍那하야

중증청정신
重增淸淨信이로다

우리들이 세존을 친견하는 것이
큰 이익을 얻은 것이니
이와 같은 미묘한 법을 들으면
다 마땅히 부처님의 도를 이루리라.

모든 보살들이 과거에
부처님의 위신력으로
청정한 지혜의 눈을 얻어
모든 부처님의 경계를 알았도다.

이제 노사나 부처님을 친견하여
청정한 믿음을 더욱 증장하리라.

불지무변제
佛智無邊際라

연설불가진
演說不可盡이니

승혜등보살
勝慧等菩薩과

급아견고혜
及我堅固慧가

무수억겁중
無數億劫中에

설역불능진
說亦不能盡이로다

부처님의 지혜는 끝이 없어서
연설하여도 다함이 없도다.

승혜 등 보살들과
그리고 나 견고혜가
무수한 억겁 동안
말하여도 또한 다할 수 없으리라.

대방광불화엄경

제16권

15. 십주품

대방광불화엄경 권제십육
大方廣佛華嚴經 卷第十六

십주품 제십오
十住品 第十五

이시　　법혜보살　　승불위력　　입보살무량
爾時에　**法慧菩薩**이　**承佛威力**하사　**入菩薩無量**

방편삼매
方便三昧하시니라

이삼매력　　시방각천불찰미진수세계지
以三昧力으로　**十方各千佛刹微塵數世界之**

외　　유천불찰미진수제불　　　개동일호
外에　**有千佛刹微塵數諸佛**하사대　**皆同一号**하야

대방광불화엄경 제16권

15. 십주품

그때에 법혜 보살이 부처님의 위신력을 받들어 보살무량방편삼매에 들었다.

삼매의 힘으로 시방으로 각각 일천 부처님 세계 미진수의 세계 밖에 일천 부처님 세계 미진수의 모든 부처님이 계시는데, 모두 동일한 명호로서 법혜이시며, 널리 그 앞에 나타나시

명왈법혜　　보현기전　　　고법혜보살언
名曰法慧라 普現其前하사 告法慧菩薩言하시니라

선 재 선 재　　　선 남 자　　　여 능 입 시 보 살 무 량 방
善哉善哉라 善男子야 汝能入是菩薩無量方

편 삼 매
便三昧하니라

선 남 자　　시 방 각 천 불 찰 미 진 수 제 불　　실 이 신
善男子야 十方各千佛刹微塵數諸佛이 悉以神

력　　　공 가 어 여　　　　우 시 비 로 자 나 여 래　　왕
力으로 共加於汝하시며 又是毗盧遮那如來의 往

석 원 력 위 신 지 력　　　급 여 소 수 선 근 력 고　　입 차
昔願力威神之力과 及汝所修善根力故로 入此

삼 매　　　영 여 설 법
三昧하야 令汝說法이니라

어 법혜 보살에게 말씀하셨다.

"훌륭하고 훌륭하도다, 선남자여. 그대가 능히 이 보살무량방편삼매에 들었도다.

선남자여, 시방의 각각 일천 부처님 세계 미진수의 모든 부처님께서 다 위신력으로 함께 그대에게 가피하심이니라. 또 비로자나여래의 지난 옛적 원력과 위신력과 그리고 그대가 닦은 선근의 힘으로 이 삼매에 들어서 그대로 하여금 법을 설하게 하심이니라.

위증장불지고　　심입법계고　　선료중생계
爲增長佛智故며 深入法界故며 善了衆生界

고　소입무애고　　소행무장고　　득무등방편
故며 所入無礙故며 所行無障故며 得無等方便

고　입일체지성고　　각일체법고　　지일체근
故며 入一切智性故며 覺一切法故며 知一切根

고　능지설일체법고　　소위발기제보살십
故며 能持說一切法故라 所謂發起諸菩薩十

종주
種住니라

선남자　　여당승불위신지력　　　이연차
善男子야 汝當承佛威神之力하야 而演此

법
法이니라

부처님의 지혜를 자라게 하는 연고이며, 법계에 깊이 들어가게 하는 연고이며, 중생의 세계를 잘 알게 하는 연고이며, 들어가는 바가 걸림이 없게 하는 연고이며, 행하는 바가 장애가 없게 하는 연고이며, 같음이 없는 방편을 얻게 하는 연고이며, 일체 지혜의 성품에 들게 하는 연고이며, 일체 법을 깨닫게 하는 연고이며, 일체 근을 알게 하는 연고이며, 일체 법을 능히 지니고 말하게 하기 위한 연고이다. 이른바 모든 보살의 열 가지 주처를 일으키려는 것이다.

선남자여, 그대는 마땅히 부처님의 위신력을 받들어 이 법을 연설할지니라."

시시 제불 즉여법혜보살 무애지 무착
是時에 諸佛이 卽與法慧菩薩에 無礙智와 無著

지 무단지 무치지 무이지 무실지 무
智와 無斷智와 無癡智와 無異智와 無失智와 無

량지 무승지 무해지 무탈지
量智와 無勝智와 無懈智와 無奪智하시니라

하이고 차삼매력 법여시고
何以故오 此三昧力이 法如是故니라

시시 제불 각신우수 마법혜보살
是時에 諸佛이 各申右手하사 摩法慧菩薩

정 법혜보살 즉종정기 고제보살
頂하신대 法慧菩薩이 卽從定起하야 告諸菩薩

언
言하시니라

이때에 모든 부처님께서 곧 법혜 보살에게 걸림 없는 지혜와, 집착 없는 지혜와, 끊어짐이 없는 지혜와, 어리석음이 없는 지혜와, 다름이 없는 지혜와, 잃어버림이 없는 지혜와, 한량이 없는 지혜와, 이길 수 없는 지혜와, 게으름이 없는 지혜와, 빼앗을 수 없는 지혜를 주셨다.

무슨 까닭인가? 이 삼매의 힘이 법이 이와 같은 연고이다.

이때에 모든 부처님께서 각각 오른손을 펴시어 법혜 보살의 정수리를 만지시니, 법혜 보살이 곧 정으로부터 일어나서 모든 보살들에게 말씀하였다.

불자　보살주처　광대　　여법계허공등
佛子야 菩薩住處가 廣大하야 與法界虛空等이니라

불자　보살　주삼세제불가　　피보살주
佛子야 菩薩이 住三世諸佛家하나니 彼菩薩住를

아금당설
我今當說호리라

제불자　보살주　유십종　　과거미래현재
諸佛子야 菩薩住가 有十種하니 過去未來現在

제불　이설당설금설
諸佛이 已說當說今說이시니라

하자　위십
何者가 爲十고

소위초발심주　치지주　수행주　생귀주
所謂初發心住와 治地住와 修行住와 生貴住와

구족방편주　정심주　불퇴주　동진주　왕
具足方便住와 正心住와 不退住와 童眞住와 王

"불자들이여, 보살의 주처가 넓고 커서 법계 허공과 더불어 같다. 불자들이여, 보살이 삼세 의 모든 부처님 집에 머무르니, 저 보살의 머 무르는 것을 내가 이제 마땅히 설하리라.

모든 불자들이여, 보살의 머무르는 것이 열 가지가 있으니, 과거와 미래와 현재의 모든 부 처님께서 이미 말씀하셨고, 앞으로 말씀하실 것이며, 지금 말씀하신다.

무엇이 열 가지인가?

이른바 초발심주와 치지주와 수행주와 생귀 주와 구족방편주와 정심주와 불퇴주와 동진주 와 법왕자주와 관정주이다. 이것을 보살의 십

자주   관정주   시명보살십주   거래현재제
子住와 灌頂住라 是名菩薩十住니 去來現在諸

불   소설
佛의 所說이시니라

불자   운하위보살발심주
佛子야 云何爲菩薩發心住오

차보살   견불세존   형모단엄   색상원만
此菩薩이 見佛世尊의 形貌端嚴과 色相圓滿과

인소락견   난가치우   유대위력   혹견신
人所樂見과 難可値遇와 有大威力하며 或見神

족   혹문기별   혹청교계   혹견중생
足하며 或聞記別하며 或聽敎誡하며 或見衆生의

수제극고   혹문여래   광대불법   발보
受諸劇苦하며 或聞如來의 廣大佛法하고 發菩

주라 이름하니, 과거와 미래와 현재의 모든 부처님께서 설하시는 것이다.

불자들이여, 무엇을 보살의 발심주라 하는가?

이 보살이 부처님 세존의 형모가 단엄하시며, 색상이 원만하셔서 사람들이 보기를 즐겨 하는 바이며, 만나기 어려우며, 큰 위신력이 있음을 보며, 혹은 신족통을 보며, 혹은 수기하심을 들으며, 혹은 가르침을 들으며, 혹은 중생들이 모든 심한 고통받음을 보며, 혹은 여래의 넓고 큰 불법을 듣고 보리심을 내어서

리심　구일체지
提心하야 求一切智니라

차보살　연십종난득법　이발어심
此菩薩이 緣十種難得法하야 而發於心하나니라

하자　위십
何者가 爲十고

소위시처비처지　선악업보지　제근승열
所謂是處非處智와 善惡業報智와 諸根勝劣

지　종종해차별지　종종계차별지　일
智와 種種解差別智와 種種界差別智와 一

체지처도지　제선해탈삼매지　숙명무
切至處道智와 諸禪解脫三昧智와 宿命無

애지　천안무애지　삼세루보진지　시위
礙智와 天眼無礙智와 三世漏普盡智니 是爲

일체 지혜를 구하는 것이다.

이 보살이 열 가지 얻기 어려운 법을 반연하여 마음을 일으킨다.

무엇이 열 가지인가?

이른바 옳은 도리와 그른 도리를 아는 지혜와, 선악의 업으로 받는 과보를 아는 지혜와, 모든 근의 수승하고 하열함을 아는 지혜와, 갖가지 이해의 차별을 아는 지혜와, 갖가지 경계의 차별을 아는 지혜와, 일체 처에 이르는 길을 아는 지혜와, 모든 선정과 해탈과 삼매를 아는 지혜와, 숙명을 걸림 없이 아는 지혜와, 천안의 걸림 없는 지혜와, 삼세의 번뇌가 널리

십
十이니라

불자 차보살 응권학십법
佛子야 此菩薩이 應勸學十法이니라

하자   위십
何者가 爲十고

소위근공양불   요주생사   주도세간   영
所謂勤供養佛과 樂住生死와 主導世間하야 令

제악업   이승묘법   상행교회   탄무상법
除惡業과 以勝妙法으로 常行敎誨와 歎無上法과

학불공덕   생제불전   항몽섭수   방편연
學佛功德과 生諸佛前하야 恒蒙攝受와 方便演

설적정삼매   찬탄원리생사윤회   위고중
說寂靜三昧와 讚歎遠離生死輪迴와 爲苦衆

다한 지혜이다. 이것이 열 가지이다.

불자들이여, 이 보살이 마땅히 열 가지 법을 배우기를 권할 것이다.

무엇이 열 가지인가?

이른바 부지런히 부처님께 공양올리며, 생사에 머무르기를 좋아하며, 세간을 주도하여 악업을 없애게 하며, 수승하고 묘한 법으로 항상 가르침을 행하며, 위없는 법을 찬탄하며, 부처님의 공덕을 배우며, 모든 부처님 앞에 태어나서 항상 거두어 주심을 입으며, 방편으로 적정한 삼매를 연설하며, 생사윤회를 멀리 여임을 찬탄하며, 고통받는 중생들을 위해서 귀

생　　작귀의처
生하야 作歸依處니라

하이고　욕령보살　어불법중　심전증광
何以故오 欲令菩薩로 於佛法中에 心轉增廣하고

유소문법　즉자개해　　불유타교고
有所聞法에 卽自開解하야 不由他敎故니라

불자　운하위보살치지주
佛子야 云何爲菩薩治地住오

차보살　어제중생　발십종심
此菩薩이 於諸衆生에 發十種心하나니라

하자　위십
何者가 爲十고

소위이익심　대비심　안락심　안주심　연
所謂利益心과 大悲心과 安樂心과 安住心과 憐

의할 곳이 되는 것이다.

무슨 까닭인가? 보살로 하여금 부처님 법 가운데서 마음을 더욱 더 넓게 하며, 들은 법을 곧 스스로 이해하고 다른 이의 가르침을 말미암지 않게 하려는 연고이다.

불자들이여, 무엇을 보살의 치지주라 하는가?

이 보살이 모든 중생들에게 열 가지 마음을 일으킨다.

무엇이 열 가지인가?

이른바 이익을 주려는 마음과, 크게 불쌍히 여기는 마음과, 안락케 하려는 마음과, 편안히 머

민심   섭수심   수호심   동기심   사심   도
愍心과 **攝受心**과 **守護心**과 **同己心**과 **師心**과 **導**

사심   시위십
師心이니 **是爲十**이니라

불자   차보살   응권학십법
佛子야 **此菩薩**이 **應勸學十法**이니라

하자   위십
何者가 **爲十**고

소위송습다문   허한적정   근선지식   발언
所謂誦習多聞과 **虛閑寂靜**과 **近善知識**과 **發言**

화열   어필지시   심무겁포   요달어의   여
和悅과 **語必知時**와 **心無怯怖**와 **了達於義**와 **如**

법수행   원리우미   안주부동
法修行과 **遠離愚迷**와 **安住不動**이니라

무르게 하려는 마음과, 가엾게 여기는 마음과, 거두어주려는 마음과, 수호하려는 마음과, 내 몸 같이 여기는 마음과, 스승같이 여기는 마음과, 도사같이 여기는 마음이다. 이것이 열 가지이다.

불자들이여, 이 보살이 마땅히 열 가지 법을 배우기를 권할 것이다.

무엇이 열 가지인가?

이른바 외워 익히고 많이 들으며, 한가하여 고요하며, 선지식을 친근하며, 화평하고 즐겁게 말하며, 말할 시기를 알며, 마음에 두려움이 없으며, 이치를 요달하며, 법대로 수행하

하이고　　욕령보살　　어제중생　　증장대
何以故오 欲令菩薩로 於諸衆生에 增長大

비　　유소문법　　즉자개해　　불유타교
悲하고 有所聞法에 卽自開解하야 不由他敎

고
故니라

불자　운하위보살수행주
佛子야 云何爲菩薩修行住오

차보살　이십종행　　관일체법
此菩薩이 以十種行으로 觀一切法하나니라

하등　위십
何等이 爲十고

소위관일체법무상　　일체법고　　일체법공
所謂觀一切法無常과 一切法苦와 一切法空과

며, 어리석음을 멀리 여의며, 편안히 머물러 움직이지 않는 것이다.

무슨 까닭인가? 보살로 하여금 모든 중생들에게 대비를 증장하며, 들은 법을 곧 스스로 이해하고 다른 이의 가르침을 말미암지 않게 하려는 연고이다.

불자들이여, 무엇을 보살의 수행주라 하는가? 이 보살이 열 가지 행으로 일체 법을 관찰한다. 무엇이 열 가지인가?

이른바 일체 법이 무상하며, 일체 법이 괴로

일체법무아   일체법무작   일체법무미   일
一切法無我와 一切法無作과 一切法無味와 一

체법불여명   일체법무처소   일체법이분
切法不如名과 一切法無處所와 一切法離分

별   일체법무견실   시위십
別과 一切法無堅實이니 是爲十이니라

불자   차보살   응권학십법
佛子야 此菩薩이 應勸學十法이니라

하자   위십
何者가 爲十고

소위관찰중생계   법계   세계   관찰지계
所謂觀察衆生界와 法界와 世界며 觀察地界와

수계   화계   풍계   관찰욕계   색계   무색
水界와 火界와 風界며 觀察欲界와 色界와 無色

우며, 일체 법이 공하며, 일체 법이 '나'가 없으며, 일체 법이 지음이 없으며, 일체 법이 맛이 없으며, 일체 법이 이름과 같지 않으며, 일체 법이 처소가 없으며, 일체 법이 분별을 여의었으며, 일체 법이 견실함이 없음을 관찰하는 것이다. 이것이 열 가지이다.

불자들이여, 이 보살이 마땅히 열 가지 법을 배우기를 권할 것이다.

무엇이 열 가지인가?

이른바 중생계와 법계와 세계를 관찰하며, 지계와 수계와 화계와 풍계를 관찰하며, 욕계

계
界니라

하이고　욕령보살　지혜명료　유소문법
何以故오 **欲令菩薩**로 **智慧明了**하고 **有所聞法**에

즉자개해　　불유타교고
卽自開解하야 **不由他敎故**니라

불자　운하위보살생귀주
佛子야 **云何爲菩薩生貴住**오

차보살　종성교중생　　성취십법
此菩薩이 **從聖敎中生**하야 **成就十法**하나니라

하자　위십
何者가 **爲十**고

소위영불퇴전　어제불소　심생정신　선
所謂永不退轉과 **於諸佛所**에 **深生淨信**과 **善**

와 색계와 무색계를 관찰함이다.

무슨 까닭인가? 보살로 하여금 지혜가 명료하며, 들은 법을 곧 스스로 이해하고 다른 이의 가르침을 말미암지 않게 하려는 연고이다.

불자들이여, 무엇을 보살의 생귀주라 하는가?

이 보살이 성인의 교법으로부터 태어나서 열 가지 법을 성취한다.

무엇이 열 가지인가?

이른바 영원히 퇴전하지 아니하며, 모든 부처님 처소에서 청정한 믿음을 깊이 내며, 법을

관찰법 요지중생 국토 세계 업행 과
觀察法과 了知衆生과 國土와 世界와 業行과 果

보 생사 열반 시위십
報와 生死와 涅槃이니 是爲十이니라

불자 차보살 응권학십법
佛子야 此菩薩이 應勸學十法이니라

하자 위십
何者가 爲十고

소위요지과거 미래 현재 일체불법
所謂了知過去와 未來와 現在의 一切佛法하며

수집과거 미래 현재 일체불법 원만
修集過去와 未來와 現在의 一切佛法하며 圓滿

과거 미래 현재 일체불법 요지일체
過去와 未來와 現在의 一切佛法하며 了知一切

잘 관찰하며, 중생과 국토와 세계와 업의 행과 과보와 생사와 열반을 분명히 아는 것이다. 이것이 열 가지이다.

불자들이여, 이 보살이 마땅히 열 가지 법을 배우기를 권할 것이다.

무엇이 열 가지인가?

이른바 과거와 미래와 현재의 일체 부처님 법을 분명히 알며, 과거와 미래와 현재의 일체 부처님 법을 닦아 모으며, 과거와 미래와 현재의 일체 부처님 법을 원만히 하며, 일체 모든 부처님의 평등함을 분명하게 아는 것이다.

제불평등
諸佛平等이니라

하이고　욕령증진　어삼세중　심득평
何以故오 欲令增進하야 於三世中에 心得平

등　유소문법　즉자개해　불유타교고
等하고 有所聞法에 卽自開解하야 不由他敎故니라

불자　운하위보살구족방편주
佛子야 云何爲菩薩具足方便住오

차보살　소수선근　개위구호일체중생
此菩薩의 所修善根이 皆爲救護一切衆生하며

요익일체중생　안락일체중생　애민일
饒益一切衆生하며 安樂一切衆生하며 哀愍一

체중생　도탈일체중생　영일체중생
切衆生하며 度脫一切衆生하며 令一切衆生으로

무슨 까닭인가? 그로 하여금 더 나아가 삼세 가운데서 마음이 평등함을 얻으며, 들은 법을 곧 스스로 이해하고 다른 이의 가르침을 말미암지 않게 하려는 연고이다.

불자들이여, 무엇을 보살의 구족방편주라 하는가?

이 보살이 닦는 바 선근은 모두 일체 중생을 구호하며, 일체 중생을 요익하게 하며, 일체 중생을 안락하게 하며, 일체 중생을 가엾게 여기며, 일체 중생을 제도하여 해탈하게 하며, 일체 중생이 모든 재난을 여의게 하며, 일

이 제 재 난　　영 일 체 중 생　　출 생 사 고　　　영
離諸災難하며 令一切衆生으로 出生死苦하며 令

일 체 중 생　　발 생 정 신　　영 일 체 중 생　　실
一切衆生으로 發生淨信하며 令一切衆生으로 悉

득 조 복　　영 일 체 중 생　　함 증 열 반
得調伏하며 令一切衆生으로 咸證涅槃이니라

불 자　　차 보 살　　응 권 학 십 법
佛子야 此菩薩이 應勸學十法이니라

하 자　　위 십
何者가 爲十고

소 위 지 중 생 무 변　　지 중 생 무 량　　지 중 생 무
所謂知衆生無邊과 知衆生無量과 知衆生無

수　　지 중 생 부 사 의　　지 중 생 무 량 색　　지 중 생
數와 知衆生不思議와 知衆生無量色과 知衆生

체 중생이 생사의 고통에서 벗어나게 하며, 일체 중생이 청정한 믿음을 내게 하며, 일체 중생이 다 조복함을 얻게 하며, 일체 중생이 다 열반을 증득케 하기 위한 것이다.

불자들이여, 이 보살이 마땅히 열 가지 법을 배우기를 권할 것이다.

무엇이 열 가지인가?

이른바 중생이 가없음을 알며, 중생이 한량 없음을 알며, 중생이 수없음을 알며, 중생이 부사의함을 알며, 중생의 한량없는 몸을 알며, 중생이 헤아릴 수 없음을 알며, 중생이 공

불가량   지중생공   지중생무소작   지중생
不可量과 知衆生空과 知衆生無所作과 知衆生

무소유   지중생무자성
無所有와 知衆生無自性이니라

하이고   욕령기심   전부증승   무소염
何以故오 欲令其心으로 轉復增勝하야 無所染

착   유소문법   즉자개해   불유타교
著하고 有所聞法에 卽自開解하야 不由他敎

고
故니라

불자   운하위보살정심주
佛子야 云何爲菩薩正心住오

차보살   문십종법   심정부동
此菩薩이 聞十種法하고 心定不動하나니라

함을 알며, 중생이 지은 바 없음을 알며, 중생이 있는 바 없음을 알며, 중생이 자성 없음을 아는 것이다.

무슨 까닭인가? 그 마음이 점점 다시 더욱 수승하여 물들어 집착하는 바가 없으며, 들은 법을 곧 스스로 이해하고 다른 이의 가르침을 말미암지 않게 하려는 연고이다.

불자들이여, 무엇을 보살의 정심주라 하는가?

이 보살이 열 가지 법을 듣고 마음이 결정되어 흔들리지 않는다.

하자　위십
何者가 爲十고

소위문찬불훼불　어불법중　심정부동
所謂聞讚佛毀佛하고 於佛法中에 心定不動하며

문찬법훼법　어불법중　심정부동
聞讚法毀法하고 於佛法中에 心定不動하니라

문찬보살훼보살　어불법중　심정부동
聞讚菩薩毀菩薩하고 於佛法中에 心定不動하며

문찬보살훼보살소행법　어불법중　심정
聞讚菩薩毀菩薩所行法하고 於佛法中에 心定

부동
不動하니라

문설중생　유량무량　어불법중　심정부
聞說衆生의 有量無量하고 於佛法中에 心定不

동　문설중생　유구무구　어불법중　심
動하며 聞說衆生의 有垢無垢하고 於佛法中에 心

무엇이 열 가지인가?

이른바 부처님을 찬탄하거나 부처님을 훼방함을 듣고도 불법 가운데 마음이 결정되어 흔들리지 않으며, 법을 찬탄하거나 법을 훼방함을 듣고도 불법 가운데 마음이 결정되어 흔들리지 않는다.

보살을 찬탄하거나 보살을 훼방함을 듣고도 불법 가운데 마음이 결정되어 흔들리지 않으며, 보살을 찬탄하거나 보살의 행하는 법을 훼방함을 듣고도 불법 가운데 마음이 결정되어 흔들리지 않는다.

중생이 한량있다거나 한량없다고 말함을 듣고도 불법 가운데 마음이 결정되어 흔들리지 않으며,

정부동
定不動하니라

문설중생　이도난도　　어불법중　심정부
聞說衆生의 易度難度하고 於佛法中에 心定不

동　　문설법계　유량무량　　어불법중　심
動하며 聞說法界의 有量無量하고 於佛法中에 心

정부동
定不動하니라

문설법계　유성유괴　　어불법중　심정부
聞說法界의 有成有壞하고 於佛法中에 心定不

동　　문설법계　약유약무　　어불법중　심
動하며 聞說法界의 若有若無하고 於佛法中에 心

정부동　　시위십
定不動하니 是爲十이니라

중생이 때가 있다거나 때가 없다고 말함을 듣고도 불법 가운데 마음이 결정되어 흔들리지 않는다.

중생이 제도하기 쉽다거나 제도하기 어렵다고 말함을 듣고도 불법 가운데 마음이 결정되어 흔들리지 않으며, 법계가 한량있다거나 한량없다고 말함을 듣고도 불법 가운데 마음이 결정되어 흔들리지 않는다.

법계가 이루어짐이 있다거나 무너지는 것이 있다고 말함을 듣고도 불법 가운데 마음이 결정되어 흔들리지 않으며, 법계가 있다거나 없다고 말함을 듣고도 불법 가운데 마음이 결정되어 흔들리지 않는다. 이것이 열 가지이다.

불자 차보살 응권학십법
佛子야 此菩薩이 應勸學十法이니라

하자 위십
何者가 爲十고

소위일체법무상   일체법무체   일체법불
所謂一切法無相과 一切法無體와 一切法不

가수   일체법무소유   일체법무진실   일체
可修와 一切法無所有와 一切法無眞實과 一切

법공   일체법무성   일체법여환   일체법
法空과 一切法無性과 一切法如幻과 一切法

여몽   일체법무분별
如夢과 一切法無分別이니라

하이고   욕령기심   전부증진   득불
何以故오 欲令其心으로 轉復增進하야 得不

퇴전무생법인   유소문법   즉자개해
退轉無生法忍하고 有所聞法에 卽自開解하야

불자들이여, 이 보살이 마땅히 열 가지 법을 배우기를 권할 것이다.

무엇이 열 가지인가?

이른바 일체 법이 모양이 없고, 일체 법이 체성이 없고, 일체 법이 닦을 수 없고, 일체 법이 있는 것이 없고, 일체 법이 진실함이 없고, 일체 법이 공하고, 일체 법이 성품이 없고, 일체 법이 환과 같고, 일체 법이 꿈과 같고, 일체 법이 분별이 없는 것이다.

무슨 까닭인가? 그 마음으로 하여금 점점 다시 더 나아가 퇴전하지 않는 무생법인을 얻으며, 들은 법을 곧 스스로 이해하고 다른 이의

불유타교고
不由他敎故니라

불자 운하위보살불퇴주
佛子야 **云何爲菩薩不退住**오

차보살 문십종법 견고불퇴
此菩薩이 **聞十種法**하고 **堅固不退**하나니라

하자 위십
何者가 **爲十**고

소위문유불무불 어불법중 심불퇴
所謂聞有佛無佛하고 **於佛法中**에 **心不退**

전 문유법무법 어불법중 심불퇴
轉하며 **聞有法無法**하고 **於佛法中**에 **心不退**

전
轉하니라

가르침을 말미암지 않게 하려는 연고이다.

　불자들이여, 무엇을 보살의 불퇴주라고 하는가?

　이 보살이 열 가지 법을 듣고 견고하여 물러

서지 않는다.

　무엇이 열 가지인가?

　이른바 부처님이 계신다거나 부처님이 안 계신

다고 함을 듣고도 불법 가운데서 마음이 물러

서지 않으며, 법이 있다거나 법이 없다고 함을

듣고도 불법 가운데서 마음이 물러서지 않는다.

　보살이 있다거나 보살이 없다고 함을 듣고도

불법 가운데서 마음이 물러서지 않으며, 보살

문유보살무보살　　어불법중　심불퇴전
聞有菩薩無菩薩하고 於佛法中에 心不退轉하며

문유보살행무보살행　　어불법중　심불퇴
聞有菩薩行無菩薩行하고 於佛法中에 心不退

전
轉하니라

문보살　수행출리수행불출리　　어불법
聞菩薩이 修行出離修行不出離하고 於佛法

중　심불퇴전　　문과거유불과거무불
中에 心不退轉하며 聞過去有佛過去無佛하고

어불법중　심불퇴전
於佛法中에 心不退轉하니라

문미래유불미래무불　　어불법중　심불퇴
聞未來有佛未來無佛하고 於佛法中에 心不退

전　　문현재유불현재무불　　어불법중
轉하며 聞現在有佛現在無佛하고 於佛法中에

행이 있다거나 보살행이 없다고 함을 듣고도 불법 가운데서 마음이 물러서지 않는다.

보살이 수행하여 벗어난다거나 수행하여 벗어나지 못한다고 함을 듣고도 불법 가운데서 마음이 물러서지 않으며, 과거에 부처님이 계셨다거나 과거에 부처님이 안 계셨다고 함을 듣고도 불법 가운데서 마음이 물러서지 않는다.

미래에 부처님이 계실 것이다거나 미래에 부처님이 안 계실 것이다고 함을 듣고도 불법 가운데서 마음이 물러서지 않으며, 현재에 부처님이 계신다거나 현재에 부처님이 안 계신다고 함을 듣고도 불법 가운데서 마음이 물러서지 않는다.

심불퇴전
心不退轉하나라

문불지유진불지무진　어불법중　심불퇴
聞佛智有盡佛智無盡하고 於佛法中에 心不退

전　문삼세일상삼세비일상　어불법중
轉하며 聞三世一相三世非一相하고 於佛法中에

심불퇴전　시위십
心不退轉이니 是爲十이니라

불자　차보살　응권학십종광대법
佛子야 此菩薩이 應勸學十種廣大法이니라

하자　위십
何者가 爲十고

소위설일즉다　설다즉일　문수어의　의수
所謂說一卽多와 說多卽一과 文隨於義와 義隨

부처님의 지혜가 다함이 있다거나 부처님의 지혜가 다함이 없다고 함을 듣고도 불법 가운데서 마음이 물러서지 않으며, 삼세가 한 모양이다거나 삼세가 한 모양이 아니다고 함을 듣고도 불법 가운데서 마음이 물러서지 않는다. 이것이 열 가지이다.

불자들이여, 이 보살이 마땅히 열 가지 넓고 큰 법을 배우기를 권할 것이다.

무엇이 열 가지인가?

이른바 하나가 곧 많은 것이라 말하고 많은 것이 곧 하나라 말하며, 글이 뜻을 따르고 뜻

어문   비유즉유   유즉비유   무상즉상   상
於文과 非有卽有와 有卽非有와 無相卽相과 相

즉무상   무성즉성   성즉무성
卽無相과 無性卽性과 性卽無性이니라

하이고   욕령증진   어일체법   선능출
何以故오 欲令增進하야 於一切法에 善能出

리   유소문법   즉자개해   불유타교
離하고 有所聞法에 卽自開解하야 不由他敎

고
故니라

불자   운하위보살동진주
佛子야 云何爲菩薩童眞住오

차보살   주십종업
此菩薩이 住十種業하나니라

이 글을 따르며, 있지 않은 것이 곧 있는 것이고 있는 것이 곧 있지 않은 것이며, 모양 없는 것이 곧 모양이고 모양이 곧 모양 없는 것이며, 성품 없는 것이 곧 성품이고 성품이 곧 성품 없는 것이다.

무슨 까닭인가? 그로 하여금 더 나아가 일체 법에서 잘 능히 벗어나며, 들은 법을 곧 스스로 이해하고 다른 이의 가르침을 말미암지 않게 하려는 연고이다.

불자들이여, 무엇을 보살의 동진주라 하는가? 이 보살이 열 가지 업에 머무른다.

하자　위십
何者가 爲十고

소위신행무실　어행무실　의행무실　수의
所謂身行無失과 語行無失과 意行無失과 隨意

수생　　지중생종종욕　　지중생종종해　　지
受生과 知衆生種種欲과 知衆生種種解와 知

중생종종계　　지중생종종업　　지세계성괴
衆生種種界와 知衆生種種業과 知世界成壞와

신족자재　　소행무애　시위십
神足自在하야 所行無礙니 是爲十이니라

불자　차보살　응권학십종법
佛子야 此菩薩이 應勸學十種法이니라

하자　위십
何者가 爲十고

무엇이 열 가지인가?

이른바 몸으로 행함이 잘못됨이 없으며, 말로 행함이 잘못됨이 없으며, 뜻으로 행함이 잘못됨이 없으며, 뜻대로 태어나며, 중생들의 갖가지 욕망을 알며, 중생들의 갖가지 이해를 알며, 중생들의 갖가지 경계를 알며, 중생들의 갖가지 업을 알며, 세계가 이루어지고 무너짐을 알며, 신족통이 자재하여 다니는 데 걸림이 없는 것이다. 이것이 열 가지이다.

불자들이여, 이 보살이 마땅히 열 가지 법을 배우기를 권할 것이다.

무엇이 열 가지인가?

소위 지일체불찰   동일체불찰   지일체
所謂知一切佛刹과 動一切佛刹과 持一切

불찰   관일체불찰   예일체불찰   유행무
佛刹과 觀一切佛刹과 詣一切佛刹과 遊行無

수세계   영수무수불법   현변화자재신
數世界와 領受無數佛法과 現變化自在身과

출광대변만음   일찰나중   승사공양무수
出廣大徧滿音과 一刹那中에 承事供養無數

제불
諸佛이니라

하이고   욕령증진   어일체법   능득
何以故오 欲令增進하야 於一切法에 能得

선교   유소문법   즉자개해   불유타교
善巧하고 有所聞法에 即自開解하야 不由他敎

고
故니라

이른바 일체 부처님 세계를 알며, 일체 부처님 세계를 움직이며, 일체 부처님 세계를 지니며, 일체 부처님 세계를 관찰하며, 일체 부처님 세계에 나아가며, 수없는 세계에 노닐며, 수없는 부처님 법을 받아들이며, 변화가 자재한 몸을 나타내며, 넓고 크고 두루 가득한 음성을 내며, 한 찰나 동안에 수없는 모든 부처님을 받들어 섬기고 공양올리는 것이다.

무슨 까닭인가? 그로 하여금 더 나아가 일체 법에 좋은 방편을 얻으며, 들은 법을 곧 스스로 이해하고 다른 이의 가르침을 말미암지 않게 하려는 연고이다.

불자 운하위보살왕자주
佛子야 云何爲菩薩王子住오

차보살 선지십종법
此菩薩이 善知十種法하나니라

하자 위십
何者가 爲十고

소위선지제중생수생 선지제번뇌현기
所謂善知諸衆生受生과 善知諸煩惱現起와

선지습기상속 선지소행방편 선지무량
善知習氣相續과 善知所行方便과 善知無量

법 선해제위의 선지세계차별 선지전제
法과 善解諸威儀와 善知世界差別과 善知前際

후제사 선지연설세제 선지연설제일의
後際事와 善知演說世諦와 善知演說第一義

제 시위십
諦니 是爲十이니라

불자들이여, 무엇을 보살의 법왕자주라 하는가?

이 보살이 열 가지 법을 잘 안다.

무엇이 열 가지인가?

이른바 모든 중생들이 태어나는 것을 잘 알며, 모든 번뇌가 일어나는 것을 잘 알며, 습기가 상속되는 것을 잘 알며, 행할 방편을 잘 알며, 한량없는 법을 잘 알며, 모든 위의를 잘 알며, 세계의 차별을 잘 알며, 과거와 미래의 일을 잘 알며, 세간의 진리를 연설함을 잘 알며, 제일의제를 연설함을 잘 아는 것이다. 이것이 열 가지이다.

불자　차보살　응권학십종법
佛子야 此菩薩이 應勸學十種法이니라

하자　위십
何者가 爲十고

소위법왕처선교　　법왕처궤도　　법왕처궁
所謂法王處善巧와 法王處軌度와 法王處宮

전　법왕처취입　　법왕처관찰　　법왕관정
殿과 法王處趣入과 法王處觀察과 法王灌頂과

법왕력지　　법왕무외　　법왕연침　　법왕찬
法王力持와 法王無畏와 法王宴寢과 法王讚

탄
歎이니라

하이고　욕령증진　　심무장애　　유소문
何以故오 欲令增進하야 心無障礙하고 有所聞

법　즉자개해　　불유타교고
法에 卽自開解하야 不由他教故니라

불자들이여, 이 보살이 마땅히 열 가지 법을 배우기를 권할 것이다.

무엇이 열 가지인가?

이른바 법왕처의 선교와, 법왕처의 법도와, 법왕처의 궁전과, 법왕처에 들어감과, 법왕처를 관찰함과, 법왕의 관정과, 법왕의 힘으로 유지함과, 법왕의 두려움 없음과, 법왕의 편히 주무심과, 법왕을 찬탄하는 것이다.

무슨 까닭인가? 그로 하여금 더 나아가 마음에 걸림이 없으며, 들은 법을 곧 스스로 이해하고 다른 이의 가르침을 말미암지 않게 하려는 연고이다.

불자   운하위보살관정주
佛子야 云何爲菩薩灌頂住오

차보살   득성취십종지
此菩薩이 得成就十種智하나니라

하자   위십
何者가 爲十고

소위진동무수세계   조요무수세계   주지
所謂震動無數世界와 照耀無數世界와 住持

무수세계   왕예무수세계   엄정무수세계
無數世界와 往詣無數世界와 嚴淨無數世界와

개시무수중생   관찰무수중생   지무수중
開示無數衆生과 觀察無數衆生과 知無數衆

생근   영무수중생취입   영무수중생조복
生根과 令無數衆生趣入과 令無數衆生調伏이니

시위십
是爲十이니라

불자들이여, 무엇을 보살의 관정주라 하는
가?

이 보살이 열 가지 지혜를 성취한다.

무엇이 열 가지인가?

이른바 수없는 세계를 진동하며, 수없는 세
계를 밝게 비추며, 수없는 세계에 머무르며,
수없는 세계에 나아가며, 수없는 세계를 깨끗
이 장엄하며, 수없는 중생들에게 열어 보이며,
수없는 중생들을 관찰하며, 수없는 중생들의
근기를 알며, 수없는 중생들이 들어가게 하며,
수없는 중생들을 조복하게 하는 것이다. 이것
이 열 가지이다.

불자 차보살 신급신업 신통변현 과거
佛子야 此菩薩의 身及身業과 神通變現과 過去

지 미래지 현재지 성취불토 심경계
智와 未來智와 現在智와 成就佛土와 心境界와

지경계 개불가지 내지법왕자보살 역불
智境界를 皆不可知니 乃至法王子菩薩도 亦不

능지
能知니라

불자 차보살 응권학제불십종지
佛子야 此菩薩이 應勸學諸佛十種智니라

하자 위십
何者가 爲十고

소위삼세지 불법지 법계무애지 법계무
所謂三世智와 佛法智와 法界無礙智와 法界無

불자들이여, 이 보살의 몸과 몸의 업과 신통 변화와, 과거의 지혜와 미래의 지혜와 현재의 지혜와, 부처님 국토를 성취함과, 마음의 경계와 지혜의 경계를 다 알지 못하며, 내지 법왕자 보살들도 또한 능히 알지 못한다.

불자들이여, 이 보살이 마땅히 부처님의 열 가지 지혜를 배우기를 권할 것이다.

무엇이 열 가지인가?

이른바 삼세의 지혜와, 불법의 지혜와, 법계의 걸림 없는 지혜와, 법계의 가없는 지혜와, 일체 세계에 충만한 지혜와, 일체 세계를 널리

변지　충만일체세계지　　보조일체세계지
邊智와 充滿一切世界智와 普照一切世界智와

주지일체세계지　지일체중생지　지일체
住持一切世界智와 知一切衆生智와 知一切

법지　지무변제불지
法智와 知無邊諸佛智니라

하이고　욕령증장일체종지　　유소문법
何以故오 欲令增長一切種智하고 有所聞法에

즉자개해　　불유타교고
卽自開解하야 不由他敎故니라

이시　불신력고　시방각일만불찰미진수세
爾時에 佛神力故로 十方各一萬佛剎微塵數世

계　육종진동
界가 六種震動하니

비추는 지혜와, 일체 세계에 머무르는 지혜와, 일체 중생을 아는 지혜와, 일체 법을 아는 지혜와, 가없는 모든 부처님을 아는 지혜이다.

무슨 까닭인가? 그로 하여금 일체종지를 더 자라게 하며, 들은 법을 곧 스스로 이해하고 다른 이의 가르침을 말미암지 않게 하려는 연고이다."

그때에 부처님의 위신력으로 시방의 각각 일만 부처님 세계 미진수의 세계가 여섯 가지로 진동하였다.

소위동 변동 등변동 기 변기 등변
所謂動과 徧動과 等徧動과 起와 徧起와 等徧

기 용 변용 등변용 진 변진 등변
起와 踊과 徧踊과 等徧踊과 震과 徧震과 等徧

진 후 변후 등변후 격 변격 등변
震과 吼와 徧吼와 等徧吼와 擊과 徧擊과 等徧

격
擊이라

우천묘화 천말향 천화만 천잡향 천보
雨天妙華와 天末香과 天華鬘과 天雜香과 天寶

의 천보운 천장엄구 천제음악 불고
衣와 天寶雲과 天莊嚴具하며 天諸音樂이 不鼓

자명 방대광명 급묘음성
自鳴하며 放大光明과 及妙音聲하니라

여차사천하수미산정제석전상 설십주
如此四天下須彌山頂帝釋殿上에서 說十住

이른바 흔들흔들하고 두루 흔들흔들하고 온통 두루 흔들흔들하며, 들먹들먹하고 두루 들먹들먹하고 온통 두루 들먹들먹하며, 울쑥불쑥하고 두루 울쑥불쑥하고 온통 두루 울쑥불쑥하며, 우르르하고 두루 우르르하고 온통 두루 우르르하며, 와르릉하고 두루 와르릉하고 온통 두루 와르릉하며, 와지끈하고 두루 와지끈하고 온통 두루 와지끈하였다.

하늘의 미묘한 꽃과 하늘의 가루향과 하늘의 화만과 하늘의 여러 가지 향과 하늘의 보배 옷과 하늘의 보배 구름과 하늘의 장엄구를 비내리며, 하늘의 모든 음악이 연주하지 않아도 저절로

법 현제신변 시방소유일체세계 실역
法에 現諸神變하야 十方所有一切世界도 悉亦

여시
如是하나라

우이불신력고 시방각과일만불찰미진수세
又以佛神力故로 十方各過一萬佛刹微塵數世

계 유십불찰미진수보살 내예어차
界하야 有十佛刹微塵數菩薩이 來詣於此하사

충만시방 작여시언
充滿十方하야 作如是言하시니라

선재선재 불자 선설차법 아등제인
善哉善哉라 佛子여 善說此法이로다 我等諸人도

울리며, 큰 광명이 비치고 미묘한 음성이 들렸다.

이 사천하의 수미산 정상 제석천왕 궁전에서 십주법을 설하니 모든 신통변화를 나타내는 것과 같이, 시방에 있는 일체 세계에서도 다 또한 이와 같았다.

또 부처님의 위신력으로 시방으로 각각 일만 부처님 세계 미진수의 세계를 지나서 열 부처님 세계 미진수의 보살들이 이곳에 와서 시방에 충만하고 이와 같은 말씀을 하였다.

"훌륭하고 훌륭하도다, 불자여. 이 법을 잘

동명법혜　소종래국　동명법운　피토여
同名法慧며 所從來國도 同名法雲이며 彼土如

래　개명묘법　아등불소　역설십주
來도 皆名妙法이라 我等佛所도 亦說十住하나니

중회권속　문구의리　실역여시　무유증
衆會眷屬과 文句義理도 悉亦如是하야 無有增

감
減이니라

불자　아등　승불신력　내입차회　위
佛子야 我等이 承佛神力하고 來入此會하야 爲

여작증　여어차회　시방소유일체세
汝作證하노니 如於此會하야 十方所有一切世

계　실역여시
界도 悉亦如是하니라

설하였도다. 우리 모든 이들도 한가지로 이름이 법혜이며 좇아 온 바 국토도 한가지로 이름이 법운이며, 그 국토의 여래도 다 명호가 묘법이시다. 우리 부처님 처소에서도 또한 십주를 설하니, 대중모임의 권속들과 문구와 뜻과 이치도 다 또한 이와 같아서 더하거나 덜함도 없다.

불자여, 우리들이 부처님의 위신력을 받들고 이 법회에 와서 그대들을 위하여 증명하니, 이 법회와 같이 시방에 있는 일체 세계에서도 다 또한 이와 같다."

이시 　법혜보살 　승불위력 　관찰시방
爾時에 法慧菩薩이 承佛威力하사 觀察十方과

기우법계 　이설송왈
曁于法界하고 而說頌曰

견최승지미묘신 　　　　상호단엄개구족
見最勝智微妙身이 　　　相好端嚴皆具足하사

여시존중심난우 　　　　보살용맹초발심
如是尊重甚難遇하고 　　菩薩勇猛初發心이로다

견무등비대신통 　　　　문설기심급교계
見無等比大神通하며 　　聞說記心及敎誡와

제취중생무량고 　　　　보살이차초발심
諸趣衆生無量苦하고 　　菩薩以此初發心이로다

그때에 법혜 보살이 부처님의 위신력을 받들어 시방과 법계를 관찰하고 게송을 설하여 말씀하였다.

가장 수승한 지혜와 미묘하신 몸이
단엄한 상호를 모두 갖추셔서
이렇게 존중하심이 매우 만나기 어려운 것을 보고
보살이 용맹하게 처음 발심하였도다.

비등할 이가 없는 큰 신통을 보고
수기를 설하심과 가르침과
모든 갈래 중생들의 한량없는 고통을 듣고
보살이 이로써 처음 발심하였도다.

문제여래보승존
聞諸如來普勝尊이

일체공덕개성취
一切功德皆成就하사대

비여허공불분별
譬如虛空不分別하고

보살이차초발심
菩薩以此初發心이로다

삼세인과명위처
三世因果名爲處요

아등자성위비처
我等自性爲非處니

욕실요지진실의
欲悉了知眞實義하야

보살이차초발심
菩薩以此初發心이로다

과거미래현재세
過去未來現在世의

소유일체선악업
所有一切善惡業을

욕실요지무부진
欲悉了知無不盡하야

보살이차초발심
菩薩以此初發心이로다

모든 여래 보승존께서

일체 공덕을 모두 성취하시되

마치 허공이 분별하지 않는 것과 같음을 듣고

보살이 이로써 처음 발심하였도다.

삼세의 인과는 옳은 도리이고

우리들의 자성은 그른 도리라 하니

진실한 뜻을 모두 분명히 알고자

보살이 이로써 처음 발심하였도다.

과거와 미래와 현재 세상의

있는 바 일체 선과 악의 업을

끝까지 모두 분명하게 알고자

보살이 이로써 처음 발심하였도다.

제선해탈급삼매
諸禪解脫及三昧의

잡염청정무량종
雜染淸淨無量種을

욕실요지입주출
欲悉了知入住出하야

보살이차초발심
菩薩以此初發心이로다

수제중생근이둔
隨諸衆生根利鈍하야

여시종종정진력
如是種種精進力을

욕실요달분별지
欲悉了達分別知하야

보살이차초발심
菩薩以此初發心이로다

일체중생종종해
一切衆生種種解와

심소호락각차별
心所好樂各差別인

여시무량욕실지
如是無量欲悉知하야

보살이차초발심
菩薩以此初發心이로다

모든 선정과 해탈과 그리고 삼매의
물들고 청정함이 한량없거늘
들어가고 머무르고 나옴을 모두 분명하게 알고자
보살이 이로써 처음 발심하였도다.

모든 중생들의 근기가 영리하고 둔함을 따라
이와 같이 갖가지 정진하는 힘을
모두 요달하여 분별해 알고자
보살이 이로써 처음 발심하였도다.

일체 중생의 갖가지 이해와
마음에 좋아하고 즐기는 바도 각각 차별하니
이와 같이 한량없음을 모두 알고자
보살이 이로써 처음 발심하였도다.

중생 제계 각 차별
衆生諸界各差別이며

일체 세간 무유량
一切世間無有量이니

욕실 요지 기 체성
欲悉了知其體性하야

보살 이차 초발심
菩薩以此初發心이로다

일체 유위 제행도
一切有爲諸行道의

일일 개유 소지처
一一皆有所至處를

실욕 요지 기실성
悉欲了知其實性하야

보살 이차 초발심
菩薩以此初發心이로다

일체 세계 제 중생
一切世界諸衆生이

수업 표류 무잠식
隨業漂流無暫息을

욕득 천안 개명견
欲得天眼皆明見하야

보살 이차 초발심
菩薩以此初發心이로다

중생들의 모든 경계가 각각 차별하며
일체 세간도 한량없으니
그 체성을 모두 분명하게 알고자
보살이 이로써 처음 발심하였도다.

일체 유위의 모든 행하는 길이
낱낱이 다 이르러 갈 곳이 있으니
그 참된 성품을 모두 분명하게 알고자
보살이 이로써 처음 발심하였도다.

일체 세계의 모든 중생들이
업을 따라 표류하여 잠깐도 쉴 새 없으니
천안통을 얻어서 다 밝게 보고자
보살이 이로써 처음 발심하였도다.

과거세중증소유
過去世中曾所有

여시체성여시상
如是體性如是相을

욕실요지기숙주
欲悉了知其宿住하야

보살이차초발심
菩薩以此初發心이로다

일체중생제결혹
一切衆生諸結惑과

상속현기급습기
相續現起及習氣를

욕실요지구경진
欲悉了知究竟盡하야

보살이차초발심
菩薩以此初發心이로다

수제중생소안립
隨諸衆生所安立하야

종종담론어언도
種種談論語言道를

여기세제실욕지
如其世諦悉欲知하야

보살이차초발심
菩薩以此初發心이로다

과거세에 일찍이 있던 바

이와 같은 체성과 이와 같은 형상을

그 숙세에 머물렀던 것을 모두 분명하게 알고자

보살이 이로써 처음 발심하였도다.

일체 중생의 모든 번뇌가

상속하여 일어남과 그리고 습기를

모두 분명하게 알고 끝까지 다하고자

보살이 이로써 처음 발심하였도다.

모든 중생들이 펼쳐놓은

갖가지 담론과 언어의 길을 따라서

그러한 세제를 모두 알고자

보살이 이로써 처음 발심하였도다.

일체제법이언설
一切諸法離言說하야

성공적멸무소작
性空寂滅無所作이니

욕실명달차진의
欲悉明達此眞義하야

보살이차초발심
菩薩以此初發心이로다

욕실진동시방국
欲悉震動十方國하고

경복일체제대해
傾覆一切諸大海하야

구족제불대신통
具足諸佛大神通일새

보살이차초발심
菩薩以此初發心이로다

욕일모공방광명
欲一毛孔放光明하야

보조시방무량토
普照十方無量土하고

일일광중각일체
一一光中覺一切하야

보살이차초발심
菩薩以此初發心이로다

일체 모든 법이 언설을 여의고
성품이 공하고 적멸하여 지은 바 없으니
이 진실한 뜻을 모두 밝게 통달하고자
보살이 이로써 처음 발심하였도다.

시방의 국토를 모두 진동시키고
일체 모든 큰 바다를 뒤엎어서
모든 부처님의 큰 신통을 구족하고자
보살이 이로써 처음 발심하였도다.

한 모공에서 광명을 놓아
시방의 한량없는 국토를 널리 비추고
낱낱 광명 가운데 일체를 깨닫게 하고자
보살이 이로써 처음 발심하였도다.

욕이난사제불찰
欲以難思諸佛刹로

실치장중이부동
悉置掌中而不動하고

요지일체여환화
了知一切如幻化하야

보살이차초발심
菩薩以此初發心이로다

욕이무량찰중생
欲以無量刹衆生으로

치일모단불박애
置一毛端不迫隘하고

실지무인무유아
悉知無人無有我하야

보살이차초발심
菩薩以此初發心이로다

욕이일모적해수
欲以一毛滴海水하야

일체대해실령갈
一切大海悉令竭하고

이실분별지기수
而悉分別知其數하야

보살이차초발심
菩薩以此初發心이로다

생각하기 어려운 모든 부처님 세계를
손바닥에 모두 놓아도 움직이지 않으니
일체가 환화와 같음을 분명하게 알고자
보살이 이로써 처음 발심하였도다.

한량없는 세계의 중생들을
한 털끝에 두어도 비좁지 않고
남도 없고 나도 없음을 다 알고자
보살이 이로써 처음 발심하였도다.

한 털끝으로 바닷물을 찍어 내어
일체 큰 바다를 모두 다하게 하고
그 수를 모두 분별해 알고자
보살이 이로써 처음 발심하였도다.

불가사의제국토
不可思議諸國土를

진말위진무유자
盡抹爲塵無遺者하고

욕실분별지기수
欲悉分別知其數하야

보살이차초발심
菩薩以此初發心이로다

과거미래무량겁
過去未來無量劫에

일체세간성괴상
一切世閒成壞相을

욕실요달궁기제
欲悉了達窮其際하야

보살이차초발심
菩薩以此初發心이로다

삼세소유제여래
三世所有諸如來와

일체독각급성문
一切獨覺及聲聞을

욕지기법진무여
欲知其法盡無餘하야

보살이차초발심
菩薩以此初發心이로다

불가사의한 모든 국토를

다 부수어서 남김없이 티끌을 만들고

그 수효를 모두 분별해 알고자

보살이 이로써 처음 발심하였도다.

과거와 미래의 한량없는 겁에

일체 세간이 이루어지고 무너지는 모습을

끝까지 궁구하여 모두 요달하고자

보살이 이로써 처음 발심하였도다.

삼세에 계시는 모든 여래와

일체 독각과 성문을

그 법을 다 남김없이 알고자

보살이 이로써 처음 발심하였도다.

무량무변제세계
無量無邊諸世界를

욕이일모실칭거
欲以一毛悉稱擧하고

여기체상실요지
如其體相悉了知하야

보살이차초발심
菩薩以此初發心이로다

무량무수윤위산
無量無數輪圍山을

욕령실입모공중
欲令悉入毛孔中하고

여기대소개득지
如其大小皆得知하야

보살이차초발심
菩薩以此初發心이로다

욕이적정일묘음
欲以寂靜一妙音으로

보응시방수류연
普應十方隨類演하고

여시개영정명료
如是皆令淨明了하야

보살이차초발심
菩薩以此初發心이로다

한량없고 가없는 모든 세계를

한 털로써 모두 들어서

그 체성과 형상을 모두 분명하게 알고자

보살이 이로써 처음 발심하였도다.

한량없고 수없는 윤위산을

모공 속에 다 들어가게 하고

그와 같이 크고 작음을 다 알고자

보살이 이로써 처음 발심하였도다.

적정한 하나의 미묘한 음성으로

시방에 널리 응해 부류 따라 연설하여

이와 같이 모두 깨끗하고 밝게 알게 하고자

보살이 이로써 처음 발심하였도다.

일체중생어언법
一切衆生語言法을

일언연설무부진
一言演說無不盡하고

실욕요지기자성
悉欲了知其自性하야

보살이차초발심
菩薩以此初發心이로다

세간언음미부작
世間言音靡不作하야

실령기해증적멸
悉令其解證寂滅일새

욕득여시묘설근
欲得如是妙舌根하야

보살이차초발심
菩薩以此初發心이로다

욕사시방제세계
欲使十方諸世界로

유성괴상개득견
有成壞相皆得見하고

이실지종분별생
而悉知從分別生하야

보살이차초발심
菩薩以此初發心이로다

일체 중생의 말하는 법을

한 말로 남김없이 연설하여

모두 그 자성을 분명하게 알고자

보살이 이로써 처음 발심하였도다.

세간의 말소리를 모두 지어서

다 그들이 이해하여 적멸을 증득케 하니

이와 같은 미묘한 설근을 얻고자

보살이 이로써 처음 발심하였도다.

시방의 모든 세계가

이루어지고 무너지는 모양을 다 보아

모두 분별을 좇아 생겨남을 알게 하고자

보살이 이로써 처음 발심하였도다.

일 체 시 방 제 세 계
一切十方諸世界에

무 량 여 래 실 충 만
無量如來悉充滿하시니

욕 실 요 지 피 불 법
欲悉了知彼佛法하야

보 살 이 차 초 발 심
菩薩以此初發心이로다

종 종 변 화 무 량 신
種種變化無量身이

일 체 세 계 미 진 등
一切世界微塵等이니

욕 실 요 달 종 심 기
欲悉了達從心起하야

보 살 이 차 초 발 심
菩薩以此初發心이로다

과 거 미 래 현 재 세
過去未來現在世의

무 량 무 수 제 여 래
無量無數諸如來를

욕 어 일 념 실 요 지
欲於一念悉了知하야

보 살 이 차 초 발 심
菩薩以此初發心이로다

일체 시방의 모든 세계에

한량없는 여래가 다 충만하시니

그 부처님 법을 모두 분명하게 알고자

보살이 이로써 처음 발심하였도다.

갖가지로 변화하는 한량없는 몸이

일체 세계의 미진수와 같으나

모두 마음을 좇아 일어남을 요달하고자

보살이 이로써 처음 발심하였도다.

과거와 미래와 현재세의

한량없고 수없는 모든 여래를

한 생각에 모두 분명히 알고자

보살이 이로써 처음 발심하였도다.

욕구연설일구법
欲具演說一句法하야

아승지겁무유진
阿僧祗劫無有盡호대

이령문의각부동
而令文義各不同하야

보살이차초발심
菩薩以此初發心이로다

시방일체제중생
十方一切諸衆生의

수기유전생멸상
隨其流轉生滅相을

욕어일념개명달
欲於一念皆明達하야

보살이차초발심
菩薩以此初發心이로다

욕이신어급의업
欲以身語及意業으로

보예시방무소애
普詣十方無所礙하고

요지삼세개공적
了知三世皆空寂하야

보살이차초발심
菩薩以此初發心이로다

한 구절의 법을 갖추어 연설하여
아승지겁으로도 다함이 없고
글과 뜻도 각각 같지 않게 하고자
보살이 이로써 처음 발심하였도다.

시방의 일체 모든 중생들의
그 유전함을 따라서 나고 죽는 모양을
한 생각에 다 밝게 통달하고자
보살이 이로써 처음 발심하였도다.

몸과 말과 뜻의 업으로
시방에 널리 나아가도 걸리는 바가 없고
삼세가 모두 공적함을 분명하게 알고자
보살이 이로써 처음 발심하였도다.

보살여시발심이
菩薩如是發心已_에

응령왕예시방국
應令往詣十方國_{하야}

공경공양제여래
恭敬供養諸如來_{일새}

이차사기무퇴전
以此使其無退轉_{이로다}

보살용맹구불도
菩薩勇猛求佛道_{하야}

주어생사불피염
住於生死不疲厭_{하고}

위피칭탄사순행
爲彼稱歎使順行_{일새}

여시영기무퇴전
如是令其無退轉_{이로다}

시방세계무량찰
十方世界無量刹_에

실재기중작존주
悉在其中作尊主_{하야}

위제보살여시설
爲諸菩薩如是說_{일새}

이차영기무퇴전
以此令其無退轉_{이로다}

보살이 이와 같이 발심하고는

마땅히 시방국토에 나아가서

모든 여래께 공경하고 공양올리게 하여

이로써 그로 하여금 퇴전함이 없게 하도다.

보살이 용맹하게 불도를 구하여

생사에 머물러도 피로해하거나 싫어하지 않고

그를 위해 칭찬하고 따라 행하게 하니

이와 같이 그로 하여금 퇴전함이 없게 하도다.

시방세계의 한량없는 찰토에

다 그 가운데서 높은 분 되어

모든 보살들을 위해 이와 같이 설하니

이로써 그로 하여금 퇴전함이 없게 하도다.

최승최상최제일
最勝最上最第一인

심심미묘청정법
甚深微妙淸淨法을

권제보살설여인
勸諸菩薩說與人일새

여시교령이번뇌
如是敎令離煩惱로다

일체세간무여등
一切世間無與等하야

불가경동최복처
不可傾動摧伏處를

위피보살상칭찬
爲彼菩薩常稱讚일새

여시교령불퇴전
如是敎令不退轉이로다

불시세간대력주
佛是世間大力主라

구족일체제공덕
具足一切諸功德하사

영제보살주시중
令諸菩薩住是中일새

이차교위승장부
以此敎爲勝丈夫로다

가장 수승하고 가장 위이며 가장 제일인

매우 깊고 미묘하고 청정한 법을

모든 보살들이 다른 이에게 말해 주길 권하여

이와 같이 가르쳐서 번뇌를 여의게 하도다.

일체 세간에서 더불어 같음이 없어

흔들거나 꺾어서 굴복할 수 없는 도리를

그 보살들을 위하여 항상 칭찬하니

이와 같이 가르쳐서 퇴전하지 않게 하도다.

부처님께서는 세간에서 큰 힘 가진 주인이시며

일체 모든 공덕을 구족하셔서

모든 보살들이 이 가운데 머무르게 하시니

이 가르침으로 수승한 대장부가 되게 하시도다.

무량무변제불소
無量無邊諸佛所에

실득왕예이친근
悉得往詣而親近하야

상위제불소섭수
常爲諸佛所攝受일새

여시교령불퇴전
如是敎令不退轉이로다

소유적정제삼매
所有寂靜諸三昧를

실개연창무유여
悉皆演暢無有餘하야

위피보살여시설
爲彼菩薩如是說일새

이차영기불퇴전
以此令其不退轉이로다

최멸제유생사륜
摧滅諸有生死輪하고

전어청정묘법륜
轉於淸淨妙法輪하야

일체세간무소착
一切世閒無所著일새

위제보살여시설
爲諸菩薩如是說이로다

한량없고 가없는 모든 부처님 처소에
모두 나아가 친근함을 얻어서
항상 모든 부처님의 섭수하시는 바가 되니
이와 같이 가르쳐서 퇴전하지 않게 하도다.

있는 바 적정한 모든 삼매를
모두 다 연설하여 남음이 없고
그 보살들을 위하여 이와 같이 설하니
이로써 그로 하여금 퇴전하지 않게 하도다.

모든 갈래에서 생사에 윤회함을 없애고
청정하고 묘한 법륜을 굴리며
일체 세간에 집착하는 바가 없으니
모든 보살들을 위하여 이와 같이 설하도다.

일체중생타악도
一切衆生墮惡道하야

무량중고소전박
無量重苦所纏迫에

여작구호귀의처
與作救護歸依處일새

위제보살여시설
爲諸菩薩如是說이로다

차시보살발심주
此是菩薩發心住에

일향지구무상도
一向志求無上道니

여아소설교회법
如我所說敎誨法하야

일체제불역여시
一切諸佛亦如是로다

제이치지주보살
第二治地住菩薩은

응당발기여시심
應當發起如是心호대

시방일체제중생
十方一切諸衆生을

원사실순여래교
願使悉順如來敎니

일체 중생이 악도에 떨어져서

한량없는 무거운 고통에 얽혀 핍박받는데

구호하고 귀의할 곳이 되어 주니

모든 보살들을 위하여 이와 같이 설하도다.

이것이 보살의 발심주로서

한결같이 뜻에 위없는 도를 구하니

내가 말한 바 가르침의 법과 같아서

일체 모든 부처님도 또한 이와 같으시도다.

둘째 치지주의 보살은

마땅히 이와 같은 마음을 일으키되

시방의 일체 모든 중생들이

다 여래의 가르침을 따르기를 원할지니

이익대비안락심
利益大悲安樂心과

안주연민섭수심
安住憐愍攝受心과

수호중생동기심
守護衆生同己心과

사심급이도사심
師心及以導師心이로다

이주여시승묘심
已住如是勝妙心에

차령송습구다문
次令誦習求多聞하며

상락적정정사유
常樂寂靜正思惟하고

친근일체선지식
親近一切善知識하며

발언화열이추광
發言和悅離麤獷하고

언필지시무소외
言必知時無所畏하며

요달어의여법행
了達於義如法行하고

원리우미심부동
遠離愚迷心不動이로다

이익하고 대비하고 안락한 마음과
안주하고 연민하고 거두어 주는 마음과
중생을 수호하고 내 몸같이 여기는 마음과
스승의 마음과 그리고 도사의 마음이로다.

이와 같이 수승하고 묘한 마음에 머무르고는
다음에 외우고 익히며 많이 듣기를 구하고
늘 즐겁고 적정하며 바르게 사유하고
일체 선지식을 친근하게 하도다.

하는 말이 화평하여 거칠거나 사나움을 여의고
말함에 반드시 때를 알아 두려울 바 없으며
이치를 요달하고 여법하게 행하여
어리석음을 멀리 여의고 마음이 동하지 않도다.

차시초학보리행
此是初學菩提行이니

능행차행진불자
能行此行眞佛子라

아금설피소응행
我今說彼所應行하노니

여시불자응근학
如是佛子應勤學이어다

제삼보살수행주
第三菩薩修行住는

당의불교근관찰
當依佛敎勤觀察

제법무상고급공
諸法無常苦及空과

무유아인무동작
無有我人無動作과

일체제법불가락
一切諸法不可樂과

무여명자무처소
無如名字無處所와

무소분별무진실
無所分別無眞實이니

여시관자명보살
如是觀者名菩薩이로다

이것이 처음 배우는 보리행이니
이 행을 능히 행하면 참 불자이니라
내가 지금 그들이 마땅히 행할 바를 말하니
이와 같음을 불자들은 부지런히 배울지어다.

셋째 수행주의 보살은
부처님의 가르침을 의지하여 부지런히 관찰할지니
모든 법이 무상하고 괴롭고 공하며
나와 남도 없고 동작도 없도다.

일체 모든 법은 즐겁지 않고
이름과도 같지 않고 처소도 없으며
분별할 것도 없고 진실도 없으니
이와 같이 보는 자를 보살이라고 하니라.

차령관찰중생계
次令觀察衆生界하고

급이권관어법계
及以勸觀於法界하며

세계차별진무여
世界差別盡無餘하야

어피함응권관찰
於彼咸應勸觀察하며

시방세계급허공
十方世界及虛空에

소유지수여화풍
所有地水與火風과

욕계색계무색계
欲界色界無色界를

실권관찰함령진
悉勸觀察咸令盡이니

관찰피계각차별
觀察彼界各差別과

급기체성함구경
及其體性咸究竟하야

득여시교근수행
得如是敎勤修行이

차즉명위진불자
此則名爲眞佛子로다

다음에 중생계를 관찰하게 하고

그리고 법계를 관찰하기를 권하며

세계의 차별도 모두 남음이 없이

그것을 다 마땅히 관찰하기를 권할지니라.

시방세계와 허공에

있는 바 땅과 물과 불과 바람과

욕계와 색계와 무색계까지

다 관찰하기를 권하여 모두 다하게 할지니라.

저 세계가 각각 차별함과

그 체성을 모두 끝까지 관찰하여

이와 같은 가르침을 부지런히 수행하면

이를 이름하여 진실한 불자라 하리라.

제사생귀주보살
第四生貴住菩薩은

종제성교이출생
從諸聖敎而出生이라

요달제유무소유
了達諸有無所有하야

초과피법생법계
超過彼法生法界로다

신불견고불가괴
信佛堅固不可壞하고

관법적멸심안주
觀法寂滅心安住하며

수제중생실요지
隨諸衆生悉了知

체성허망무진실
體性虛妄無眞實이로다

세간찰토업급보
世間刹土業及報와

생사열반실여시
生死涅槃悉如是하니

불자어법여시관
佛子於法如是觀하야

종불친생명불자
從佛親生名佛子로다

넷째 생귀주의 보살은
모든 성인의 가르침을 좇아 출생하여
모든 갈래가 없음을 요달하고
그 법을 뛰어넘어 법계에 태어나도다.

부처님을 믿음이 견고하여 파괴될 수 없고
법의 적멸을 관찰하여 마음이 편안히 머무르며
모든 중생들을 따라서 체성이 허망하여
진실함이 없음을 다 분명하게 알도다.

세간과 세계와 국토와 업과 그리고 과보와
생사와 열반이 모두 이와 같으니
불자가 법에 대해 이와 같이 관하여
부처님에게서 친히 태어났으니 불자라 하도다.

과거미래현재세
過去未來現在世에

기중소유제불법
其中所有諸佛法을

요지적집급원만
了知積集及圓滿하야

여시수학영구경
如是修學令究竟이로다

삼세일체제여래
三世一切諸如來를

능수관찰실평등
能隨觀察悉平等이라

종종차별불가득
種種差別不可得이니

여시관자달삼세
如是觀者達三世로다

여아칭양찬탄자
如我稱揚讚歎者는

차시사주제공덕
此是四住諸功德이니

약능의법근수행
若能依法勤修行하면

속성무상불보리
速成無上佛菩提로다

과거와 미래와 현재세에

그 가운데 있는 모든 부처님 법을

분명하게 알고 모으며 원만히 하여

이와 같이 닦고 배워 끝까지 성취케 하도다.

삼세의 일체 모든 여래를

능히 따라 관찰하니 모두 평등하여

갖가지 차별을 얻을 수 없으니

이와 같이 관하는 자가 삼세를 통달하도다.

내가 칭양하고 찬탄함과 같은 것이

이것이 넷째 주의 모든 공덕이니

만약 능히 법을 의지하여 부지런히 수행하면

위없는 부처님의 보리를 빨리 이루리라.

종차제오제보살
從此第五諸菩薩을

설명구족방편주
說名具足方便住니

심입무량교방편
深入無量巧方便하야

발생구경공덕업
發生究竟功德業이로다

보살소수중복덕
菩薩所修衆福德이

개위구호제군생
皆爲救護諸群生이니

전심이익여안락
專心利益與安樂하야

일향애민영도탈
一向哀愍令度脫이로다

위일체세제중난
爲一切世除衆難하고

인출제유영환희
引出諸有令歡喜하며

일일조복무소유
一一調伏無所遺하야

개영구덕향열반
皆令具德向涅槃이로다

이로부터 다섯째의 모든 보살들을
구족방편주라고 이름하니
한량없는 교묘한 방편에 깊이 들어가
구경의 공덕업을 발생하도다.

보살이 닦은 바 온갖 복덕은
다 모든 군생들을 구호하기 위함이니
전심으로 이익하고 안락케 하며
한결같이 가엾게 여겨 제도하여 해탈케 하도다.

일체 세상을 위하여 온갖 재난을 없애고
모든 갈래에서 끌어내어 환희케 하며
낱낱이 조복하여 남김없이
다 공덕을 갖추어서 열반을 향하게 하도다.

일체중생무유변
一切衆生無有邊과

무량무수부사의
無量無數不思議와

급이불가칭량등
及以不可稱量等으로

청수여래여시법
聽受如來如是法이로다

차제오주진불자
此第五住眞佛子가

성취방편도중생
成就方便度衆生이니

일체공덕대지존
一切功德大智尊이

이여시법이개시
以如是法而開示로다

제육정심원만주
第六正心圓滿住는

어법자성무미혹
於法自性無迷惑하야

정념사유이분별
正念思惟離分別일새

일체천인막능동
一切天人莫能動이로다

일체 중생이 끝이 없으며
한량없고 수없고 부사의하며
그리고 일컬어 헤아릴 수 없는데
여래의 이와 같은 법을 듣고 받아 지니도다.

이 다섯째 주의 진실한 불자가
방편을 성취하여 중생들을 제도하니
일체 공덕 갖춘 큰 지혜의 높은 분이
이러한 법으로써 열어 가르쳐 보이도다.

여섯째 원만한 정심주는
법의 자성에 미혹이 없고
바른 생각으로 사유하여 분별을 떠났으니
일체 천신과 인간이 흔들 수 없도다.

문 찬 훼 불 여 불 법
聞讚毀佛與佛法과

보 살 급 이 소 행 행
菩薩及以所行行과

중 생 유 량 약 무 량
衆生有量若無量과

유 구 무 구 난 이 도
有垢無垢難易度와

법 계 대 소 급 성 괴
法界大小及成壞와

약 유 약 무 심 부 동
若有若無心不動하야

과 거 미 래 금 현 재
過去未來今現在에

체 념 사 유 항 결 정
諦念思惟恒決定이로다

일 체 제 법 개 무 상
一切諸法皆無相이며

무 체 무 성 공 무 실
無體無性空無實이며

여 환 여 몽 이 분 별
如幻如夢離分別이니

상 락 청 문 여 시 의
常樂聽聞如是義로다

부처님과 부처님의 법과
보살과 그리고 행할 바 행을 찬탄하거나 훼방하거나
중생들이 한량있다거나 한량없다거나
때가 있다거나 때가 없다거나 제도하기 어렵다거나 쉽다거나

법계가 크다 작다, 이루어진다 무너진다,
있다 없다고 함을 들어도 마음이 흔들리지 않고
과거와 미래와 지금 현재에
자세히 생각하고 사유해서 항상 결정하였도다.

일체 모든 법이 다 모양이 없으며
자체도 없고 성품도 없고 공하여 실제도 없으며
환같고 꿈같고 분별을 여의었으니
항상 이와 같은 뜻을 듣기를 즐겨하도다.

제 칠 불 퇴 전 보 살
第七不退轉菩薩은

어 불 급 법 보 살 행
於佛及法菩薩行의

약 유 약 무 출 불 출
若有若無出不出에

수 문 시 설 무 퇴 전
雖聞是說無退轉이니

과 거 미 래 현 재 세
過去未來現在世에

일 체 제 불 유 여 무
一切諸佛有與無와

불 지 유 진 혹 무 진
佛智有盡或無盡과

삼 세 일 상 종 종 상
三世一相種種相이로다

일 즉 시 다 다 즉 일
一卽是多多卽一과

문 수 어 의 의 수 문
文隨於義義隨文이여

여 시 일 체 전 전 성
如是一切展轉成을

차 불 퇴 인 응 위 설
此不退人應爲說하며

일곱째 불퇴전의 보살은
부처님과 법과 보살과 행이
있다 없다, 벗어난다 벗어나지 못한다,
비록 이런 말을 들어도 퇴전함이 없도다.

과거와 미래와 현재세에
일체 모든 부처님께서 계시거나 안 계시거나
부처님 지혜가 다함이 있거나 다함이 없거나
삼세가 한 모양이거나 갖가지 모양이로다.

하나가 곧 많음이고 많음이 곧 하나이며
글이 뜻을 따르고 뜻이 글을 따르니
이와 같이 일체가 전전히 이루어짐을
이 불퇴주 사람은 마땅히 위하여 설할지니라.

약법유상급무상
若法有相及無相과

약법유성급무성
若法有性及無性의

종종차별호상속
種種差別互相屬을

차인문이득구경
此人聞已得究竟이로다

제팔보살동진주
第八菩薩童眞住는

신어의행개구족
身語意行皆具足하며

일체청정무제실
一切淸淨無諸失하야

수의수생득자재
隨意受生得自在로다

지제중생심소락
知諸衆生心所樂과

종종의해각차별
種種意解各差別과

급기소유일체법
及其所有一切法과

시방국토성괴상
十方國土成壞相이로다

혹 법이 모양이 있음과 모양이 없음과
혹 법이 자성이 있음과 자성이 없음의
갖가지 차별이 서로서로 이어짐을
이 사람이 듣고서 깨달음을 얻으리라.

여덟째 동진주의 보살은
몸과 말과 뜻으로 행함이 다 구족하며
일체가 청정하여 모든 잘못이 없으며
뜻대로 태어나서 자재하도다.

모든 중생들의 마음에 즐기는 바와
갖가지 이해와 각각의 차별과
그리고 있는 바 일체 법과
시방국토의 이루어지고 무너지는 모양을 알도다.

체득속질묘신통
逮得速疾妙神通하야

일체처중수념왕
一切處中隨念往하며

어제불소청문법
於諸佛所聽聞法하고

찬탄수행무해권
讚歎修行無懈倦이로다

요지일체제불국
了知一切諸佛國하고

진동가지역관찰
震動加持亦觀察하며

초과불토불가량
超過佛土不可量이요

유행세계무변수
遊行世界無邊數로다

아승지법실자문
阿僧祇法悉諮問하고

소욕수신개자재
所欲受身皆自在하며

언음선교미불충
言音善巧靡不充하고

제불무수함승사
諸佛無數咸承事로다

빠르고 묘한 신통을 얻어서
일체 처 가운데 뜻대로 다니며
모든 부처님 처소에서 들은 법문을
찬탄하고 수행하여 게으름이 없도다.

일체 모든 부처님 국토를 분명하게 알고
진동하고 가지하고 또한 관찰하며
헤아릴 수 없는 불국토를 지나가서
가없고 수없는 세계에 유행하도다.

아승지 법을 다 묻고
바라는 대로 몸을 받음이 다 자재하며
음성이 교묘하고 충만하지 않음이 없어
수없는 모든 부처님을 다 받들어 섬기도다.

제구보살왕자주
第九菩薩王子住는

능견중생수생별
能見衆生受生別하며

번뇌현습미부지
煩惱現習靡不知하고

소행방편개선료
所行方便皆善了로다

제법각이위의별
諸法各異威儀別과

세계부동전후제
世界不同前後際와

여기세속제일의
如其世俗第一義를

실선요지무유여
悉善了知無有餘로다

법왕선교안립처
法王善巧安立處와

수기처소소유법
隨其處所所有法과

법왕궁전약취입
法王宮殿若趣入과

급이어중소관견
及以於中所觀見과

아홉째 법왕자주의 보살은
중생들의 태어나는 것이 다름을 능히 보고
번뇌와 현행 습기를 알지 못함이 없고
행할 바 방편을 모두 잘 알도다.

모든 법의 각각 다름과 위의의 다름과
세계의 같지 않음과 앞뒤 시간과
그와 같이 세속과 제일의제를
모두 잘 분명하게 알아 남음이 없도다.

법왕의 선교와 안립한 곳과
그 처소에 따라서 있는 법과
법왕의 궁전에 들어감과
그리고 그 안에서 관찰하여 봄과

법왕소유관정법
法王所有灌頂法과

신력가지무겁외
神力加持無怯畏와

연침궁실급탄예
宴寢宮室及歎譽여

이차교조법왕자
以此敎詔法王子로다

여시위설미부진
如是爲說靡不盡하야

이령기심무소착
而令其心無所著이니

어차요지수정념
於此了知修正念하면

일체제불현기전
一切諸佛現其前이로다

제십관정진불자
第十灌頂眞佛子는

성만최상제일법
成滿最上第一法하야

시방무수제세계
十方無數諸世界를

실능진동광보조
悉能震動光普照로다

법왕에게 있는 관정법과
신력으로 가지하여 두려움 없음과
궁전에 주무심과 찬탄하고 칭찬함이여
이것으로 법왕자를 가르치도다.

이와 같이 끝까지 설하여
그 마음에 집착할 바가 없게 하니
이것을 분명하게 알고 정념을 닦으면
일체 모든 부처님께서 그 앞에 나타나시리라.

열째 관정주의 진실한 불자는
가장 높은 제일법을 만족하여서
시방의 무수한 모든 세계를
다 능히 진동하고 광명을 널리 비추도다.

주지왕예역무여
住持往詣亦無餘하고

청정장엄개구족
淸淨莊嚴皆具足하며

개시중생무유수
開示衆生無有數하고

관찰지근실능진
觀察知根悉能盡이로다

발심조복역무변
發心調伏亦無邊하야

함령취향대보리
咸令趣向大菩提하며

일체법계함관찰
一切法界咸觀察하야

시방국토개왕예
十方國土皆往詣로다

기중신급신소작
其中身及身所作과

신통변현난가측
神通變現難可測과

삼세불토제경계
三世佛土諸境界를

내지왕자무능료
乃至王子無能了로다

머물러 지니고 나아감에 또한 남음이 없고
청정한 장엄들을 모두 구족하며
수없는 중생들에게 열어 보이고
관찰하여 근기를 알아 모두 능히 다하였도다.

발심하고 조복함도 또한 가없어서
모두 큰 보리를 향하여 나아가게 하며
일체 법계를 모두 관찰하여
시방국토에 다 나아가도다.

그 가운데 몸과 몸으로 짓는 바와
신통과 변화함을 측량하기 어려우며
삼세 불국토의 모든 경계를
법왕자까지도 능히 알지 못하도다.

일체견자삼세지
一切見者三世智와

어제불법명료지
於諸佛法明了智와

법계무애무변지
法界無礙無邊智와

충만일체세계지
充滿一切世界智와

조요세계주지지
照耀世界住持智와

요지중생제법지
了知衆生諸法智와

급지정각무변지
及知正覺無邊智를

여래위설함령진
如來爲說咸令盡이로다

여시십주제보살
如是十住諸菩薩이

개종여래법화생
皆從如來法化生이라

수기소유공덕행
隨其所有功德行하야

일체천인막능측
一切天人莫能測이로다

일체를 보는 이의 삼세 지혜와

모든 부처님의 법을 밝게 아는 지혜와

법계의 걸림 없고 가없는 지혜와

일체 세계에 충만한 지혜와

세계를 비추고 주지하는 지혜와

중생들과 모든 법을 분명하게 아는 지혜와

그리고 정각의 가없음을 아는 지혜를

여래께서 설하여 모두 다하게 하시도다.

이와 같은 십주의 모든 보살들이

다 여래의 법으로부터 화생함이라

그 있는 바 공덕행을 따라서

일체 천신과 인간이 능히 측량할 수 없도다.

과거미래현재세
過去未來現在世에

발심구불무유변
發心求佛無有邊이라

시방국토개충만
十方國土皆充滿하니

막부당성일체지
莫不當成一切智로다

일체국토무변제
一切國土無邊際하고

세계중생법역연
世界衆生法亦然하며

혹업심락각차별
惑業心樂各差別하니

의피이발보리의
依彼而發菩提意로다

시구불도일념심
始求佛道一念心을

세간중생급이승
世間衆生及二乘이

사등상역불능지
斯等尙亦不能知어든

하황소여공덕행
何況所餘功德行가

과거와 미래와 현재세에

발심하여 부처를 구함이 끝이 없어서

시방국토에 다 충만하니

마땅히 일체지를 이루지 못함이 없도다.

일체 국토가 끝이 없으며

세계와 중생과 법도 또한 그러하며

미혹의 업과 마음에 즐겨함도 각각 차별하니

그것에 의해 보리의 뜻을 일으켰도다.

처음 불도를 구하려는 한 생각 마음을

세간의 중생들과 이승이

이것도 오히려 능히 알지 못하는데

어찌 하물며 그 나머지 공덕행이리오.

시방소유제세계
十方所有諸世界를

능이일모실칭거
能以一毛悉稱擧하면

피인능지차불자
彼人能知此佛子의

취향여래지혜행
趣向如來智慧行이로다

시방소유제대해
十方所有諸大海를

실이모단적영진
悉以毛端滴令盡하면

피인능지차불자
彼人能知此佛子의

일념소수공덕행
一念所修功德行이로다

일체세계말위진
一切世界抹爲塵하고

실능분별지기수
悉能分別知其數하면

여시지인내능견
如是之人乃能見

차제보살소행도
此諸菩薩所行道로다

시방에 있는 모든 세계를

능히 한 털로써 다 들 수 있으면

그 사람은 이 불자의

여래로 나아가는 지혜의 행을 능히 알리라.

시방에 있는 모든 큰 바닷물을

모두 털끝으로 찍어내어 다하게 하면

그 사람은 이 불자의

한 생각에 닦은 바 공덕행을 능히 알리라.

일체 세계를 부수어 티끌로 만들고

그 수효를 다 능히 분별해 알면

이와 같은 사람은 이에 능히

이 모든 보살들의 행하는 바 도를 보리라.

거래현재시방불
去來現在十方佛과

일체독각급성문
一切獨覺及聲聞이

실이종종묘변재
悉以種種妙辯才로

개시초발보리심
開示初發菩提心이라도

발심공덕불가량
發心功德不可量이라

충만일체중생계
充滿一切衆生界하니

중지공설무능진
衆智共說無能盡이어든

하황소여제묘행
何況所餘諸妙行가

〈大方廣佛華嚴經 卷第十六〉

과거 미래 현재의 시방 부처님과

일체 독각과 그리고 성문이

다 갖가지 미묘한 변재로

처음 일으킨 보리심을 열어 보이더라도

발심한 공덕은 헤아릴 수 없음이라

일체 중생계에 충만하니

온갖 지혜로 함께 설해도 능히 다하지 못하는데

어찌 하물며 남은 바 모든 묘행이리오.

〈대방광불화엄경 제16권〉

大方廣佛華嚴經
부록

•

대방광불화엄경 목차

•

간행사

대방광불화엄경
목차

간 행 사

　귀의삼보 하옵고,

『대방광불화엄경』의 수지 독송과 유통을 발원하면서 수미정사 불전연구원에서 『독송본 한문·한글역 대방광불화엄경』과 『사경본 한글역 대방광불화엄경』을 편찬하여 간행하게 되었습니다.

『화엄경』은 우리나라에 전래된 이래 일찍부터 사경되고 주석·강설되어 왔으며 근현대에 이르러서는 『화엄경』의 한글 번역과 연구도 부쩍 많이 이루어졌습니다. 그만큼 『화엄경』이 우리 불자님들의 신행과 해탈에 큰 의지처가 되었던 것임을 알 수 있습니다.

『화엄경』을 독송하고 사경하는 공덕은 설법 공덕과 함께 크게 강조되어 왔습니다. 그리하여 수미정사 불전연구원에서도 『화엄경』(80권)을 독송하고 사경하는 데 도움이 되도록 한문 원문과 한글역을 함께 수록한 독송본과 한글역의 사경본 『화엄경』 간행불사를 발원하였습니다. 이 『화엄경』 간행불사에 뜻을 같이하여 적극 후원해주신 스님들과 재가 불자님들께 깊이 감사드립니다. 또한 『화엄경』을 수지 독송할 수 있도록 경책의 모습으로 장엄해 주신 편집위원들과 담앤북스 출판사 관계자들께도 고마움을 표합니다.

　끝으로 이 불사의 원만 회향으로 『화엄경』이 널리 유통되고, 온 법계에 부처님의 가피가 충만하시길 기원드립니다.

　나무 대방광불화엄경

불기 2564년 '부처님오신날'을 봉축하며
수미해주 합장

위태천신(동진보살)

수미해주 須彌海住

동국대학교 명예교수
중앙승가대학교 법인이사
대한불교조계종 수미정사 주지

독송본 한문·한글역
대방광불화엄경 제16권

| **초판 1쇄 발행**_ 2021년 7월 24일

| **엮은이**_ 수미해주
| **엮은곳**_ 수미정사 불전연구원
| **편집위원**_ 해주 수정 경진 선초 정천 석도 박보람 최원섭
| **편집보**_ 무이 무진 지욱 김지예

| **펴낸이**_ 오세룡
| **펴낸곳**_ 담앤북스
　　　　　 서울특별시 종로구 새문안로3길 23 경희궁의 아침 4단지 805호
　　　　　 대표전화 02)765-1251 전자우편 damnbooks@hanmail.net
　　　　　 출판등록 제300-2011-115호
| **ISBN**_ 979-11-6201-303-8 (04220)

정가 15,000원
ⓒ 수미해주 2021